KIM
Die Tagebuchaufzeichnungen und Briefe des Kim Malthe-Bruun

KIM

Die Tagebuchaufzeichnungen und Briefe des Kim Malthe-Bruun

Herausgegeben von seiner Mutter
Vibeke Malthe-Bruun

Aus dem Dänischen von
Karl Matter

Carl Hanser Verlag

Das Buch erschien zuerst 1945 unter dem Titel
KIM – Uddrag af Dagbog og Breve skrevet af Kim
bei Thaning & Appels Forlag in Kopenhagen.

1 2 3 4 5 99 98 97 96 95

ISBN 3-446-18075-3

Satz: Reinhard Amann, Aichstetten
Druck und Bindung:
Franz Spiegel Buch GmbH, Ulm
Printed in Germany

Vorwort

Kim Malthe-Bruun ist eine Symbolfigur des dänischen Widerstandes gegen die Nazibesatzung. Die erste Ausgabe seiner Tagebuchaufzeichnungen und Briefe erschien noch in seinem Todesjahr 1945. Seine Mutter, Vibeke Malthe-Bruun, hatte sie zusammengestellt und mit wenigen überleitenden Kommentaren sowie einem Vorwort versehen, in dem sie das Leben ihres Sohnes bis zu dem Zeitpunkt beschreibt, mit dem die Aufzeichnungen und Briefe einsetzen. Erkennbar ist dabei ihr Bemühen, nur das Notwendigste zu sagen und im übrigen die Texte ihres Sohnes für sich selbst sprechen zu lassen. An diese Vorgabe hielten sich auch Verlag und Übersetzer der ersten deutschen Ausgabe von 1949. Der Übersetzer Karl Matter beschreibt in seinem Vorwort, das hier im Anhang abgedruckt ist, die enge Zusammenarbeit mit Vibeke Malthe-Bruun, die ihm für die deutsche Ausgabe sogar die Briefe vom 1., 18. und 19. Juli 1943 zur Verfügung stellte, die in der dänischen nicht enthalten waren. Es schien uns ein Gebot des Respekts, an das Ergebnis dieser Zusammenarbeit nicht zu rühren. Die vorliegende Neuausgabe wurde darum lediglich um einige Fußnoten dort ergänzt, wo heutigen, zumal jugendlichen Lesern Namen oder Vorgänge kaum noch präsent sein dürften, etwa im Fall des von der SS ermordeten dänischen Schriftstellers und Pfarrers Kaj Munk.

Kims Aufzeichnungen und Briefe selbst enthalten naturgemäß wenig Informationen über seine Widerstandstätigkeit. Freilich geben sie Aufschluß über seine Motive: Mit seinem Urteil über die deutschen »Herrenmenschen«, denen er als Seemann rund um die Ostsee begegnete, hält er nicht hinterm Berg. Ersten Kontakt mit aktiven Widerstandskämpfern hatte er während des einjährigen Studienkurses zur Vorbereitung auf die Seeoffiziersschule, den er im August 1942 begann. Sein Entschluß, sich selbst einer Widerstandsgruppe anzuschließen, fällt in die Zeit, als das deutsche Reich für Dänemark den Ausnahmezustand erklärte und, auf Gesuch des Generalbevollmächtigten für Dänemark Werner Best, die Deportation der dänischen Juden anordnete: in den August/September 1943. Vom September 1944 an widmete er sich dieser Tätigkeit ausschließlich. Seine Gruppe beging Sabotageakte, bei denen freilich nie Menschen zu Schaden kamen – eine Spezialität des dänischen Widerstandes. So versenkte die dänische Marine nach Verhängung des Ausnahmezustands auf der Stelle neunundzwanzig ihrer Schiffe, damit sie nicht den Deutschen in die Hände fielen. Kims Gruppe stahl den Besatzern unter anderem Benzin und entführte und zerstörte ihnen Boote. Später schmuggelte man Waffen. Der dänische Widerstand wollte vorbereitet sein für den Fall, daß die deutschen Besatzer kurz vor dem absehbaren Kriegsende noch eine Politik der verbrannten Erde verfolgten.

Die Zeit, in der Kim ausschließlich Widerstandkämpfer war, dauerte nur drei Monate. Schon im Dezember 1944 wurde er verhaftet. Das Todesurteil gegen ihn und seine Kameraden ist ein Zeugnis der Barbarei. Die »furchtbaren Juristen«, die es fällten, wurden dafür nie zur Rechenschaft gezogen.

Die erste deutsche Ausgabe von Kims Tagebuchaufzeichnungen und Briefen erschien 1949 im Münchner Ernst Reinhardt Verlag. Das Buch erlebte nur eine Auflage und fand kaum Resonanz. Der Gutachter der »Zeitschrift des Vereins deutscher Volksbibliothekare« riet seinen Kollegen von der Anschaffung ab: wegen seiner einseitigen und ungerechten Werturteile über den deutschen Menschen erfülle es nicht die Aufgabe, der wirklichen Verständigung zwischen den Völkern zu dienen. Als Dokument einer ebenso selbstgerechten wie schäbigen Gesinnung, die aber nicht untypisch sein dürfte für die Zeit, ist dieses Gutachten hier in voller Länge im Anhang abgedruckt. Eine Lizenzausgabe des Buches erschien 1963 in der DDR. Auch dort hielt sich die Resonanz in Grenzen. Immerhin finden sich in den heutigen neuen Bundesländern dort, wo man Straßen nach Widerstandskämpfern benannte, Malthe-Bruun-Straßen. Doch auch das ist zu wenig. Der Leser dieses Buches wird erkennen, daß Kims Tagebuchaufzeichnungen und Briefe gleichberechtigt neben den Tagebüchern der Anne Frank oder den Briefen und Aufzeichnungen der Geschwister Scholl stehen können.

München, Dezember 1994 Friedbert Stohner

Vibeke Malthe-Bruun

Vibeke Malthe-Bruun

Kims Kindheit

Eigentlich war ich nicht sonderlich begeistert, als mit klar wurde, daß ich ein Kind zur Welt bringen sollte. Ich war sehr jung, hatte kein besonderes Interesse an kleinen Kindern und war von allerhand Arbeit so stark in Anspruch genommen, daß nicht leicht vorstellbar war, wie die Arbeit, die ein Kind mit sich bringt, noch dazu bewältigt werden sollte. Aber das Kind war schon eine Realität, mit der gerechnet werden mußte, und mit dem Weiterrücken der Zeit nahm der Gedanke an den kleinen Jungen, der kommen sollte, mich mehr und mehr in Anspruch. Ich war viel allein, zuweilen wochenlang, und wenn ich so umherwanderte in den Wäldern Kanadas, kreisten meine Gedanken unaufhörlich um ihn, und von ganzem Herzen wünschte ich, daß er fein, gut und klug werden möchte. In Gedanken ließ ich ihn meine große Nase erben, die einem Manne gut steht, und ich wünschte, daß er groß werden, eine edle Gesinnung und einen gesunden Körper haben möchte. Diese Gedanken beschäftigten mich beständig und waren zeitweise so stark, daß ich die feste Überzeugung gewann, daß ich allen Idealismus, alle Kraft, alle guten Eigenschaften, die ich selbst besaß, ihm einhauchen und alles Negative von ihm fernhalten könnte.

Am 7. Juli fühlte ich, daß die Zeit um war. Ich fuhr mit dem Zug nach Edmonton, unserer nächsten größeren Stadt. Schon am folgenden Morgen, Sonntag den 8. Juli 1923, bekam ich meinen Sohn, den Sohn, der einmal so unendlich viel in meinem Leben bedeuten sollte, den ich aber in den ersten Jahren mit einer in hohem Grade jugendlichen Nachlässigkeit behandelte.

Meine ersten Worte, als ich ihn zu sehen bekam, waren

nicht sehr poetisch. Es entfuhr mir bei seinem Anblick: »What long feet he has!«

Zu jener Zeit, als ich mit ihm heimkam, wohnten wir in einem kleinen Blockhaus, ungefähr dreiviertel Meilen von unserer Farm entfernt, auf der wir ein eigenes Haus zu bauen im Begriff standen. Jeden Morgen ritten wir hinunter, der Bub saß vor mir auf dem Pferd. War das Wetter gut, lag er in einem Kornschober und verschlief den größten Teil des Tages. Er gedieh, wurde lang und mager, und seine erste kohlschwarze Mähne machte dem hellen, goldenen Haar Platz, das er während seiner ganzen Kindheit behielt. Seine Augen waren groß und blau, und wenn ich jetzt an jene Zeit zurückdenke, glaube ich, daß er schon damals die grenzenlose Liebe zur Natur eingeatmet hat, die später für ihn so bezeichnend wurde.

Als er kaum ein paar Monate alt war, fand ich eines Tages den Korb, in den ich ihn gelegt hatte, leer – glücklicherweise dauerte es nur Sekunden, dann hörte ich vom Feld her ein schwaches Wimmern. Dort draußen im Kornfeld lag er ganz unverletzt, aber etwas unzufrieden – unsere großen Windhunde hatten offenbar mit ihm spielen wollen und ihn deshalb aus dem Korb über eine Holzveranda und eine Flucht Steine weiter hinaus aufs Feld geschleppt.

Die Zeit verging, er wuchs heran und wurde stark und groß für sein Alter. Sein Geist entwickelte sich früh. Er verstand es, sich über die Schwierigkeiten der Sprache hinwegzuhelfen. So ersetzte er beispielsweise alle kleinen Wörter durch ein »oh«, während er mit den schwierigeren großen Wörtern merkwürdigerweise ganz gut fertig wurde.

Vom Dezember 1925 bis zum Juni 1926 war er mit mir auf Besuch in Dänemark. Dort kam am 20. Februar 1926 seine Schwester Ruth zur Welt.

Kim, der zu jener Zeit noch kaum Englisch sprach, lernte jetzt Dänisch sprechen. Während dieser Zeit empfing er überhaupt eine Menge neuer Eindrücke.

Lange Zeit nach unserer Rückkehr nach Kanada war sein

Superlativ: »Ganz rüber bis Opa!« Das Auto war *so* groß: »ganz rüber bis Opa« – oder das Pferd lief *so* schnell: »ganz rüber bis Opa«.

Am 9. November 1926 schrieb ich in einem Brief aus Kanada: »Kim ist recht amüsant. Heute war er im oberen Stockwerk, und als ich fragte, was er dort mache, antwortete er: ›Kim hat einen Splitter in das eine Hinterbein bekommen, aber wenn Kim ihn herausgezogen hat, sollst du dann heraufkommen und ihn wegtragen.‹ – Vor kurzem saßen wir Erwachsenen beisammen und sprachen miteinander, und währenddessen sang Kim so laut, daß wir nicht einmal mehr hören konnten, was wir selber sagten. Als ich ihn bat, damit aufzuhören, gab er zur Antwort: ›Es ist nicht Kim, der singt, sondern Kim hat einen Vogel verschluckt – einen Sommervogel, und dieser ist es, der singt.‹ Er ist geschickt, so zum Beispiel trocknet er ab, wenn ich abwasche, und deckt ganz ordentlich den Tisch, alles aus eigener Beobachtung.«

Damals war er knapp dreieinhalb Jahre alt.

Ungefähr im gleichen Alter ging eines Tages eine wildgewordene Kuh auf ihn los, nahm ihn auf die Hörner und schleuderte ihn hoch in die Luft. Er kam unverletzt davon, aber seine Kleider waren so zerfetzt, daß die bloße Haut zum Vorschein kam.

Mit vier Jahren beschäftigte er sich oft in seiner Phantasie mit einer kleinen Familie, die er »meine Leute« nannte. Sie bestand aus zwei Männern, »Pikum« und »Poslum«, und einer Frau, die keinen besonderen Namen hatte. Es waren natürlich ganz wunderbare Menschen, mit einem Haus voller Kuchen, einem großen, roten Auto und Pferden, die doppelt so schnell laufen konnten wie die unsrigen. Er sah sie oft, sprach mit ihnen, winkte ihnen zu; wenn ich ihn aber fragte, wann wir mit »seinen Leuten« Bekanntschaft machen könnten, hatte er immer einige gute Erklärungen zur Hand, warum das nicht geschehen könne.

Diese Freunde hatte er ungefähr, bis die Schulzeit begann, dann nahmen andere Dinge seine reiche Phantasie gefangen.

Das Schulleben in Kanada ist ein Kapitel für sich. In einem kleinen hölzernen Gebäude versuchte ein junger Lehrer oder eine Lehrerin, die selber nur mit den notdürftigsten Kenntnissen ausgerüstet waren, ungefähr zwanzig Kinder, die in neun verschiedene Klassen eingeteilt wurden, in allen Fächern zu unterrichten. Die Schulzeit war lang, ebenso der Schulweg. Im Winter legte Kim den Weg auf Skiern zurück, im Sommer ritt er. Es war oft eine anstrengende Tour hin und zurück, einmal mußte er sogar bei einer fremden Farmersfamilie Zuflucht suchen, weil er nahe daran war, sich Erfrierungen zuzuziehen. Aber zweifellos hat gerade dieses harte Leben im frühen Alter ihn abgehärtet; andererseits entstand während dieser Zeit das, was der stärkste Bestandteil seines Wesens wurde: das Einfühlungsvermögen und die große Liebe zur Natur.

Große Kenntnisse hingegen erwarb er nicht; aber er selbst grübelte immer über alles, was ihn gerade beschäftigte, und voll Eifer versuchte er dann, seiner kleinen Schwester die Ergebnisse seiner Überlegungen beizubringen. Sechsjährig sagt er eines Tages zu Ruth: »Jesus konnte bereits alles, als er geboren wurde, nämlich gehen, lesen und rechnen«, und dann belehrt er sie: »Du darfst nicht ›er‹ von Gott sagen«, worauf das nüchterne kleine Wesen prompt erwidert: »Soll ich also ›sie‹ zu ihm sagen?« – Nun, sie war ja noch nicht vier Jahre alt, da konnte er wohl nicht das rechte Verständnis von ihr verlangen. Ungefähr um dieselbe Zeit versetzte er uns in einen schlimmen Schrecken, indem er von einem Dach herunterfiel und sich ein großes Loch in den Kopf schlug. Es war sicher ein Schädelbruch, dem aber keine große Bedeutung beigemessen wurde. Es blieb eine große, häßliche, winkelförmige Narbe in der Kopfhaut zurück.

Als die Kinder neun und sechs Jahre alt waren, reiste ich mit ihnen über New York nach Dänemark zurück.

Wir wohnten eine Zeitlang bei meiner Cousine, Fräulein Anna Ida Bruun in Hellerup, und sie bezeigte vom ersten Tage an für Kim das größte Interesse. Trotz des großen Altersunterschiedes entwickelte sich rasch eine warme Freundschaft zwischen den beiden. Und als Kim älter und reifer wurde, spielten die vielen und langen Gespräche mit »Nitte« eine immer größere Rolle in seinem Leben.

Der Übergang auf die dänische Schule war für Kim nicht leicht. Teils war er an Kenntnissen weit hinter seinen Altersgenossen zurück, teils machte ihm die neue Sprache Schwierigkeiten, und überdies war es die fünfte Schule in seinem jungen Leben. Kein Wunder, daß er bei der Aufnahmeprüfung zum Eintritt in die Mittelschule durchfiel, da er zu jener Zeit nur eine sehr schwache Vorstellung von der Rechtschreibung im Dänischen hatte. Überhaupt blieb die Orthographie lange Zeit eine seiner schwachen Seiten.

Zu Kims großem Glück hatte Rektor Larsen auf »Stenhus« viel Verständnis für ihn und seine Lage. Hier verbrachte er nun die nächsten fünf Jahre seines Lebens, im ersten Jahr als Nummer 16 unter 16 Kameraden, später aber rückte er doch beträchtlich höher hinauf. Sein erstes Schulzeugnis vom Oktober 1935 lautete: »Kim ist ein mäßig begabter Junge und in der Schule gar kein besonderes Licht. Er hat es schwer, sich zu konzentrieren, weil das Träumen eine zu große Macht ausübt. Körperlich ist er ein gut entwickelter Junge, fast allzu kräftig, und das erklärt vielleicht auch, daß es bei ihm an Arbeitsenergie noch ein wenig hapert.« Im großen und ganzen hatte er ein paar glückliche Jahre auf »Stenhus«, wenn sie auch eine Zeit des Ringens und der Entwicklung für ihn bedeuteten.

Obschon er froh war über seine Schule, war doch das Zuhause seine große Liebe, und er zeigte Freunden und Kameraden unser Heim, als ob es die Sammlungen von Rosenborg* wären. Freude und Stolz strahlten dann von seinen warmen Augen aus, aber jedesmal, wenn die Ferien dem Ende entgegengingen, hatte er regelmäßig ein paar recht stille Tage. Sein Freiheitsdrang fügte sich nicht recht in die Schranken

* Rosenborg ist ein dänisches historisches Museum.

einer Internatsschule, aber zum Glück für ihn war »Stenhus« so freiheitlich, daß er sich nicht gedrückt fühlte. Im Lernen war er nachlässig. Es wurde ihm aber während der ersten Jahre ein gewisser Fleiß zugesprochen, da er erfolgreicher war, als man es erwartet hatte. In der vierten Klasse wurde er »entlarvt«. Er kam heim und erzählte, daß er noch nie so gute Noten bekommen habe wie in diesem Jahr, daß er aber auch noch nie solch gründliche Schelte bekommen habe. »Rektor Larsen hat nämlich die ganze Zeit geglaubt, daß das Lernen mir schwerfalle, daß ich aber fleißig sei, jetzt aber hat er entdeckt, daß es mir leichtfällt und daß ich faul bin. Und nun ist er wütend, nicht weil ich faul war, sondern weil er sich hat täuschen lassen.«

Nach dem 9. April, dem Tag des deutschen Einmarsches, schrieb er an mich: »Du kannst Dir gar nicht vorstellen, welche Verzweiflung uns alle befiel, als wir erfuhren, was geschehen war. Es ist, als ob eine Vaterlandsliebe sich zu erkennen gäbe, von der man in Friedenszeiten kaum etwas gemerkt hat. Vor ein paar Tagen war ich in Holbaek, als die ersten deutschen Truppen einrückten. Sie fuhren mit Maschinengewehren über den Knien auf, während sie aus voller Kehle ›Deutschland, Deutschland über alles‹ sangen. Du kannst Dir kaum den widerwärtigen Eindruck vorstellen, den sie hervorriefen. Man konnte deutlich sehen, wie es in den anwesenden Dänen kämpfte. Hier in der Schule tut man alles, damit das Leben seinen gewohnten Gang geht. Man kann aber bei den meisten eine starke Niedergedrücktheit und Verstimmung wahrnehmen, was ja nur natürlich ist. Wir haben heute vor alle Kellerfenster Schwellen und Sandsäcke gelegt, und wir sollen den Keller nun als Schutzraum benützen. Wie habt Ihr die Verdunkelung eingerichtet? Und was meinst Du zu dieser verzweifelten Situation von Dänemark? Kann man den Kopenhagenern etwas Besonderes anmerken? Es ist ja furchtbar, aber beinah sieht es so aus, als ob die Deutschen siegen würden. Hier draußen hat man den recht großen Glauben, daß wir unsere Selbständigkeit behalten würden, selbst wenn sie siegen würden, weil sie würden zeigen wollen, daß man sich auf sie verlassen kann. Mich aber wird kein Mensch dazu bringen, das zu glauben.«

Im letzten Jahr auf »Stenhus« war Kim in der Schularbeit fauler als je zuvor. Es war ein sehr kalter Winter, und er lief sehr oft Schlittschuh mit Segel auf dem Fjord – oder er huldigte dem Skisport. Oft war er halbe Nächte draußen auf dem Fjord. So war es gar nicht verwunderlich, daß er im Juni 1940 die Schule mit einem ziemlich schlechten Realschulexamen abschloß.

Als eine Art Strafe dafür hatte er es hinzunehmen , daß er in den Landdienst geschickt wurde. Hier arbeitete er als Landwirtschaftslehrling, hatte aber gar kein besonderes Interesse für den Landwirtschaftsbetrieb. Aber es ist kein Zweifel, daß gerade diese harte körperliche Arbeit das war, was er brauchte und was ihm gut tat. Er nahm starken Anteil am Leben und an der Gedankenwelt der Landarbeiter. Jedoch übte die See eine so starke Anziehungskraft auf ihn aus, daß er dem nicht widerstehen konnte, und so ließ er sich schon im August in die Seemannsschule der Reederei Lauritzens in Svendborg aufnehmen.

Dort verblieb er bis zum März 1941. Dann nahm er als Schiffsjunge Heuer auf einem Dreimastschoner.

Bevor Kim auf die See hinauszog, verbrachte er einen Monat daheim. In diesen Wochen begegnete er Hanne. Er wurde sich schnell klar über seine Gefühle für sie, und es war nicht leicht für ihn, hinauszuziehen, ohne sich mit ihr ausgesprochen zu haben, um so mehr, als er selbst seiner Gefühle so sicher war. Es vergingen viele Monate, bis sich die beiden wieder trafen.

Als Kims Seemannsleben und seine Reifezeit ihren Anfang nahmen, war er siebzehn Jahre alt.

Hellerup, Oktober 1945

Kim (1941)

I

Danzig, den 18. Mai 1941

Liebste Hanne

Soeben bin ich hier angekommen. Das Wetter ist ganz wunderbar, nahezu windstill und ein klarer, wolkenloser Himmel. Aber man ärgert sich blau über all die Deutschen, die sich hier herumtreiben, auch an Bord. Ich liege an der Großluke und schreibe diesen Brief; dabei kann ich alles verfolgen, was um mich her geschieht.

Donnerstag, den 15. Mai, hatte ich zwischen Mitternacht und 4 Uhr morgens Wache. Als es 12 Uhr schlug, dachte ich an Dich, mit großer Sehnsucht im Herzen, bei Dir zu sein und Dich zu beglückwünschen. Hanne, meine Gedanken waren den ganzen Tag hindurch bei Dir. Ich war der erste, der an Dich dachte, und ganz bestimmt auch der letzte, da ich auch zwischen halb 7 Uhr abends und Mitternacht Wache hatte. Am Morgen war es beißend kalt, und das Schiff rollte gewaltig, aber selten noch war ich so froh und so traurig zur gleichen Zeit. Während ich auf der Ausschau nach Minen auf und ab wanderte, sonnte ich mich geradezu beim Denken an Dich. Ich sah die Sonne aufgehen, das Wetter war prachtvoll, aber natürlich, wie hätte es an diesem Tag auch anders sein können. Ich hatte Freiwache zwischen 4 und halb 8 Uhr morgens. Als ich die Wache wieder antrat, folgte ich Dir mit meinen Gedanken: Ich sah Deine Mutter Dich beglückwünschen kommen, ich sah, wie Du Deine Geschenke anschautest, ich war um Dich am Nachmittag, als Du ein paar Freundinnen zur Schokolade bei Dir hattest, und ich folgte Dir, bis Du wieder in Deiner »Koje« lagst und den Tag mit seinen Ereignissen noch einmal an Dir vorbeiziehen ließest, und ich hoffte, daß Du dabei auch ein wenig an mich dachtest. Als Du eingeschlafen warst, blieb ich allein um Dich – ich fuhr nun fort, Dich zu bewachen, bis 4 Uhr des nächsten Morgens. Ich gebe zu, daß ich in den folgenden vier Stunden recht sorglos geschlafen habe, als ich Freiwache hatte. Du kannst Dir vorstellen, Liebes, daß mir unendlich viele Pläne und Gedanken durch den Kopf gingen während jener Stunden, Pläne und Gedanken, die ich Dir jetzt noch nicht verraten will, vielleicht aber später einmal. Wir haben bis jetzt noch nicht erfahren, wohin die Fahrt von hier gehen soll, aber natürlich hoffe ich wie immer, daß es Kopenhagen oder die Umgegend sei. (Ich wurde unterbrochen. In weniger als zehn Meter Entfernung kam ein großes deutsches Unterseeboot vorbei, eines von den ganz großen, das nun sicher hinaus soll, um auf den Weltmeeren Schaden anzurichten. Du solltest wissen, wie unheimlich das ist, einen solchen »Sarg« zu erblicken und zu sehen, wie all die Frauen und Kinder, ganze Familien, weinend und unglücklich den Hafendamm entlanglaufen. Wohl sind sie ja selber mit schuld, aber dies zu sehen, ist scheußlich.)

Sweetheart, here I am again. Soeben bin ich an Land gewesen, um zu sehen, wie es hier ausschaut. Du solltest bloß sehen, wie zerstört hier alles ist, überall Bomben- und Granatenkrater, entrindete und zerschlagene Bäume. Eine kleine Kaserne liegt in einem Wald keine drei Minuten von hier vollständig zertrümmert, die Einschläge haben weniger als einen Meter Abstand voneinander. Es muß unheimlich hart zugegangen sein beim Kampf gegen Polen, es ist nur bedauerlich, daß die Deutschen siegen mußten. Wenn man hier umhergeht, wird einem ganz elend zumute, und man wird wütend über alles, was deutsch ist, und über alle Deutschen. Wenn man beobachtet, wie sie ihre Kriegsgefangenen behandeln, könnte man mit kaltem Blut jedweden von ihnen in die Hölle wünschen.

Es gibt hier, wie in Stettin, eine Fliegerschule, daher wimmelt es in der Luft von allen möglichen Maschinen. Es sieht imponierend aus, wir aber fluchen über sie, weil es deutsche sind, und wünschen, daß sie herunterfallen möchten, was leider bisher nicht geschehen ist, wenigstens nicht, solange wir sie beobachtet haben.

Ich soll von 10 Uhr nachts bis 5 Uhr morgens auf Wache gehen und gleichwohl mit den andern von 7 Uhr morgens bis 5 Uhr nachmittags arbeiten, so werde ich bestimmt morgen abend »prima« sein. Im Grunde ist es erstaunlich, mit wie wenig Schlaf man auskommen kann, wenn es sein muß. Wir haben mehrmals ganze vierundzwanzig Stunden hart gearbeitet, ohne zu schlafen, und haben uns trotzdem nicht ermattet gefühlt. Aber einräumen muß ich, daß man nachher gut schläft und nicht sehr dafür ist, schon nach wenigen Stunden die Koje wieder verlassen zu müssen. Hanne, ich will Dir anvertrauen, wenn ich mich für einige wenige Stunden Schlaf in die Koje lege, dann träume ich ganz wunderbar von Dir, bevor ich richtig einschlafe. Ganz ähnlich ist es, wenn ich in klarer Mondscheinnacht die Wache habe. Das wirkt auf mich mächtig erhebend, und meine Träume werden so lebendig und stark, daß es unmöglich wäre, bei vollem Tageslicht von solchen Phantasien eingefangen zu werden. Wie sehr wünschte ich, daß Du bloß eine einzige Nacht mit mir zusammen auf See erleben könntest. Dann würdest Du, glaube ich, mich verstehen.

Danzig, den 19. Mai 1941

Guten Morgen, und Dank für gestern. Ich bin todmüde jetzt, habe aber trotzdem große Lust, ein paar Worte an Dich zu schreiben. Wir haben heute erfahren, daß wir nach Vejle fahren sollen. Das ist zum Krankwerden. Die andern sind freilich begeistert, sie sagen, es gebe dort eine Menge süße Mädchen, aber was hilft das mir, wenn mein einziges Mädchen nicht in Vejle wohnt. Von Vejle aus sollen wir wahrscheinlich noch nach Aabo in Finnland fahren. Es wird prachtvoll sein, in ein anderes Land zu kommen, fort aus diesem angefaulten Deutschland, auch wenn es schlimm ist, Dich so lang entbehren zu müssen, aber doppelt werde ich mich auf das nächste Mal freuen, wenn ich heim zu Dir komme.

Heute abend habe ich ein verwünschtes Unglück gehabt. Ich war drüben auf einem dänischen Schiff, das gerade vor uns liegt. Als ich von der Leiter in die Mannschaftskajüte hinuntersprang, bemerkte ich nicht, daß ein Eisenhaken mit der Spitze nach oben dort lag. Ich sprang gerade auf diese Spitze, so daß sie durch Gummischuh und Fuß ging. Da sie massiv war, gab es eine häßliche Wunde. Es wird eine verdammte Sache werden, morgen mit ihr arbeiten zu müssen, aber was, es wird schon gehen. Der Steuermann wusch sie aus und preßte so viel schmutziges Zeug heraus, als ihm möglich war. Jetzt bitte ich nur, daß sie rasch heilen möge, und daß ich ohne eine Entzündung davonkomme.

Du hättest einen Anblick sehen sollen, den wir heute hatten. Ein großer, mit Steinen beladener Karren kam daher, dem Polen vorgespannt waren. Hinter ihm gingen zwei Deutsche mit Bajonetten und der ganzen Ausrüstung. Ich kann Dir versichern, wir wurden ganz blaß vor Aufregung und Ekel über eine solche Roheit. Du kannst mir glauben, in jenem Augenblick wäre ich imstande gewesen, jedweden Deutschen zu ermorden. Unwillkürlich mußte ich an die Bauern in Dänemark in der alten Zeit denken und mich fragen, was denn damit erreicht sei, daß wir nun 1941 schreiben, wenn wir doch nicht weiter gekommen sind.

Danzig, den 20. Mai 1941

Kopenhagen-Kalundborg, Hanne, Kim ruft an – die schönste Verbindung, von der man jemals gehört hat. In der letzten Nacht habe ich des verfluchten Beines wegen fast nicht geschlafen, aber sei's drum, so hatte ich um so mehr Zeit, *nicht* an Dich zu denken. Glaubst Du das? Es war die reine Hölle, wie das schmerzte, und man spürt es ja um so stärker, wenn man still liegt. Es zeigte sich, daß die Schmerzen von einem Stückchen Rost verursacht wurden, das der Steuermann gestern abend nicht erwischt hatte – das wurde heute ans Tageslicht befördert mit Hilfe eines Messers und harter Arbeit seinerseits. Er schnitt die Wunde auf, um zu sehen, was da los sein könnte. Es wurde mir gleich leichter, als er die Wunde gereinigt hatte, obschon es sehr weh tat. Ich hoffe nicht, daß Du glaubst, ich schreibe das alles, um Dein Mitleid zu erwecken. Das tue ich nicht, denn ich habe es ja selbst verschuldet, ich hätte mich besser vorsehen sollen. Ich schreibe bloß davon, weil ich leichter über diese kleinen Ärgernisse hinwegkomme, wenn ich sie mit Dir teile.

Ich sitze mit dem Fuß in warmem Seifenwasser und benütze die Gelegenheit, meinen Brief nochmals durchzulesen. Ich will Dir gestehen, ich habe die größte Lust, ihn verschwinden zu lassen, aber Hanne, wenn ich ihn dem Feuer übergebe, dann kommt nie ein Brief an Dich zustande. Ich muß einfach schreiben, auch wenn ich todmüde und schmutzig bin. Ich muß allezeit an Dich schreiben können, in was für einer Gemütsverfassung ich auch bin, und gleichgültig, wie minderwertig das auch ist, was ich zusammenbringe. Wäre ich daheim und hätte ich nicht soviel körperliche Arbeit, dann wäre ich wohl imstande, interessante Briefe zu schreiben, Briefe, die auch Dir interessant und inhaltsreich vorkämen, sie wären aber nicht so ehrlich und kämen nicht so von Herzen. Ich hoffe, Du nimmst meine Briefe, wie sie sind, vielleicht daß sie besser werden, wenn ich mich an dieses Leben mehr gewöhnt habe. Ich möchte schrecklich gern einen so guten und starken Eindruck wie nur möglich auf Dich machen, ich fühle aber, daß ich das nicht vermag, und so kann ich nur hoffen und bitten, daß Du es verstehen und mir nachsehen wollest.

Nun gehe ich in die Koje, auf Wiedersehen, Du Liebes

Danzig, den 21. Mai 1941

Nun liege ich da. Als ich heute morgen erwachte, war mein Fuß dick geschwollen und tat höllisch weh. Als der Schiffer ihn zu sehen bekam, nahm er mich sofort mit zu einem Arzt. Der Arzt sagte, daß es eine sehr ernste Blutvergiftung sei, die, wie er dem Schiffer erklärte, meinen Fuß, mein Bein oder gar mein Leben kosten könne. Er schlug mit den Armen aus und schielte zu mir hin, um zu sehen, ob ich ihn verstehen könne. Er wollte mich ins Krankenhaus haben, und der Schiffer war bereit einzuwilligen, weil er die Verantwortung für mich nicht übernehmen könne. Aus zwei Gründen setzte ich mich aber dem mit allen Kräften entgegen. Erstens, weil ich mir kein schrecklicheres Schicksal vorstellen konnte, als allein in einem deutschen Krankenhaus zurückgelassen zu werden, und zweitens, weil ich höchst ungern abgemustert werden wollte, kaum daß ich eine solch gute Heuer bekommen hatte und mit so tüchtigen Kerlen zusammengekommen war. Ich würde mich für den Rest meines Lebens gegrämt haben. Ich glaubte dem Arzt auch nicht ganz. Er schien mir gar zu eifrig, mich ins Krankenhaus zu bekommen. Sicher hat er daran ein persönliches Interesse. Er schnitt die ganze Wunde auf und reinigte sie. Ich muß gestehen, daß sie schlimm aussah, aber trotzdem kann ich nicht glauben, daß es so ernst ist, wie er sagt. Du kannst Dir die jämmerliche Figur vorstellen, die ich auf dem Weg hin und zurück machte. Mein Fuß war viel zu sehr geschwollen, als daß ich einen Schuh hätte anziehen können, so war ich gezwungen, einen Sack um mein Bein zu wickeln – hübsch, magst es glauben! Auf der Straße guckten die Leute und wandten sich nach mir um. Es war die schwierigste Wanderung, die ich bisher gemacht habe. Besonders schlimm war der Heimweg, weil es natürlich doppelt weh tat unmittelbar nach Öffnung der Wunde. Als ich an Bord zurückkam, befahl man mir, sofort ins Bett zu gehen, und der Schiffer machte mir den heißesten Umschlag, den ich je bekommen habe. Wie Du Dir wohl denken kannst, habe ich die reine Hölle an Schmerzen in meinem Bein, und so versuche ich nun, die schlimmen Gedanken zu verjagen, indem ich an Dich schreibe. Ich liege zum Schreiben freilich verflucht schlecht, alle Augenblicke schlafen mir Hand und Arm ein, aber ich weiß nun, daß ich an Dich schreiben kann, unter welchen Bedingungen ich auch lebe.

Daß ich Pfingsten heimkomme, davon kann leider keine Rede sein, da die Kohlen noch nicht angekommen sind und die Bahnlinie, über die sie kommen sollten, nach dem, was gesagt wird, heute nacht bombardiert wurde, jedenfalls aber bis auf weiteres unterbrochen ist.

Als ich vom Arzt heimging, kam ich an einer ganzen Abteilung polnischer Arbeiter vorüber, die in einer Kiesgrube am Weg unter Bewachung eines dicken Deutschen arbeiteten. Einer der Polen, der von den andern ein wenig entfernt stand, bat durch Zeichen um eine Zigarette. Zufällig hatte ich gerade mit einer Lizenz 200 Stück gekauft und trug sie bei mir. Ich kann Dir versichern, er war so dankbar, als ob ich ihm alle Reichtümer der Welt geschenkt hätte. Ich gab ihm durch Zeichen zu verstehen, daß er sie mit den andern teilen solle. Wenn ich die Armen wie Tiere für die Deutschen arbeiten sehe, so bin ich imstande, an sie alles, was ich besitze und habe, zu verschenken. Leider lohnt sich das aber nicht, weil die Deutschen alles, was für sie von Wert ist, konfiszieren, die verfluchten...

Du hättest ein paar Geschöpfe sehen sollen, die im Wartezimmer des Arztes saßen. Ausgemergelt, müde und mit Furchen in den Gesichtszügen, und jedesmal, wenn ein neuer Patient kam, grüßte er mit »Heil Hitler«. So betrat zum Beispiel eine uralte Polin die Apotheke – »Heil Hitler« ist das erste, was sie sagt, obschon sie ihn in ihrem Herzen verflucht. Sie muß es tun – sie wird dazu gezwungen. Sogar die Gefangenen müssen ihre Wärter und Peiniger mit »Heil Hitler« grüßen. Die Matrosen hier behaupten, Hitler sei der Abteilungsleiter des Teufels auf Erden.

Weißt Du, was ich mir wünsche? Daß Du mir in Deinen Briefen alles schreibst, was Du fühlst und erlebst – all das, worüber Du Dich gefreut hast. Das wird mir helfen, Dir in das Reich Deiner Phantasie zu folgen und Dir nahe zu sein, wenn ich zwischendurch einen freien Moment habe, um von Dir träumen zu können.

Danzig, den 22. Mai 1941

Hallo, hallo, wo bist Du? Ich versuche, die Verbindung herzustellen. Ich glaube doch, daß der Arzt recht hatte, ich bin doch ein kranker Mann.

Er kam gestern, um nach dem Bein zu sehen – meine Temperatur war 39,1. Das Bein hatte eine häßliche Farbe mit dunklen, blauen Streifen bekommen. In den letzten vierundzwanzig Stunden hat man den Umschlag jede zweite Stunde erneuert. Wenn das nur helfen wollte, wäre ich noch froh, aber es sieht aus, als würde es beständig schlimmer. Es gab Momente in der Nacht, wo auch ich glaubte, daß der Arzt recht haben könnte mit dem, was er gestern sagte. Die Nacht habe ich damit verbracht, meinen Unfall zu verfluchen, mich an Dir zu freuen und über alle Probleme dieser Welt zu grübeln.

Ich sann darüber nach, was für merkwürdige Geschöpfe wir Menschen im Grunde sind. Denke Du auch einmal darüber nach – aber recht gründlich – auf was Du Dein Leben aufbauen willst. Hast Du Dir das eigentlich schon einmal genauer überlegt? Die einen können keine Antwort auf diese Frage finden und werfen sich deshalb einer Religion in die Arme, um den leeren Raum auszufüllen, der sonst in ihrem Dasein entstehen müßte. Ein sehr großer Prozentsatz überspringt diese Frage als zu schwierig, aber diese andern interessieren uns nicht.

Denke Dir, wenn weit mehr Menschen ihr Leben auf volle Ehrlichkeit bauen wollten; denke Dir, wieviel das Wort Ehrlichkeit eigentlich in sich faßt. Wenn die Menschen bloß gegen sich selber ehrlich sein wollten, denke Dir, wieviel mehr Glück, welche Zufriedenheit und Freude es dann gäbe. Woran kannst Du Dich denn halten, wenn keine Ehrlichkeit vorhanden ist? Nenne mir bloß eine einzige Realität, von der Du ausgehen kannst, wenn jener Begriff Dir ganz unbekannt ist. Was ist beispielsweise die Liebe anderes als ehrliche und reine Gefühle. In jedem Fall ist das, was ich unter Liebe verstehe, nur aus vollkommen ehrlichen Gefühlen zusammengesetzt. Wenn man bloß völlig verstehen wollte, daß man jedesmal, wenn man eine Unwahrheit sagt – sei sie nun überlegt oder nicht – einen kleinen Stein aus dem Fundament entfernt, auf dem unser Dasein aufgebaut ist, oder jedenfalls doch aufgebaut sein sollte. Kannst Du nicht sehen, daß ein Verhältnis zwischen Mann und Frau nicht gut werden kann, wenn nicht beide volles Vertrauen zueinander haben, wenn sie nicht zutiefst im Herzen fühlen, daß jedes kleine Gefühl des andern ehrlich ist und nicht verfälscht oder aufgejagt von einer momentanen Stimmung oder Eingebung? Wie würde es einer Gemeinschaft ergehen, die ihren ganzen Zukunftsplan auf Lügen aufbaut? Welche Existenzberechtigung hat überhaupt eine Gemeinschaft, die den Begriff Ehrlichkeit nicht anders als nur dem Namen nach kennt? Wie ist der, der die Wahrheit nicht kennt, imstande, ein Urteil zu fällen? Wir neigen allesamt viel zu sehr dazu, unsere Mitmenschen zu verurteilen wegen Verstößen, die sie begangen haben, und an unseren eigenen Fehlern vorbeizusehen. So oft habe ich mich über mich selbst und andere geärgert, die wir ohne Bedenken einen Menschen mit all der Entrüstung des Gerechten verurteilen, die uns immer zur Verfügung steht, wenn es gilt, über andere zu urteilen. Wie kannst du, lieber Mitmensch, der du in der Lüge lebst und dich im Lügen sonnst, die Wahrheit aber nur dem Namen nach kennst, imstande sein, zu urteilen und zu unterscheiden zwischen Lüge und Wahrheit, zwischen Recht und Unrecht? Wer da sich brüstet und mit mancherlei Beweisen ein Urteil über einen andern fällt, fällt das Urteil in alle Ewigkeit nur über den einen, nämlich sich selber.

Die Wahrheit macht das Leben nicht komplizierter und verwickelter, nein, die Wahrheit vereinfacht es und macht alles viel einfacher. Die Liebe ist eine Wahrheit, die alles auf eine wunderbar schöne und natürliche Art vereinfacht. Die Lüge dagegen macht alles kompliziert und verwickelt, sie besudelt alles Schöne und Reine in einer gefährlich hinterlistigen und schleichenden Weise. Keiner merkt es, daß sie sich eingedrängt hat, langsam, aber sicher reißt sie all das nieder, was

Wahrheit und Liebe aufgebaut haben, entfernt sie die kleinen Steine Stück um Stück aus dem Fundament, die in ihrer Gesamtheit ihm die Festigkeit gaben.

Ich habe manche Menschen sagen hören: »Ja, aber auf solche Weise zu leben, ist langweilig.« Solche Menschen behaupten auch, daß die Liebe viel zu kompliziert sei, daß man das Leben leicht leben soll. Wüßten die bloß, um was sie sich selber betrügen: um das Schönste und Größte in diesem Leben – denke Dir, wie kurzsichtig sie sind. Siehst Du nicht, wie feige dieser Standpunkt ist – sie wagen es nicht, der Wahrheit in die Augen zu schauen, sie wagen nicht, den kleinen Schwierigkeiten zu begegnen, ohne die es wirklich Großes und Schönes nicht gibt. Sie wagen es nicht und sind zu stumpf, um zu verstehen, daß es gerade diese Schwierigkeiten sind, die das Leben reich und lebenswert machen. Denke nur, wie gerade diese kurzen, unruhigen Augenblicke die Liebe so wunderbar machen. Wie wolltest Du die Liebe und alles Schöne hier im Leben schätzen können, wenn Du es nicht aus dem Alltag herausstellen könntest? Was sagte Dir die weiße Farbe, wenn Du nicht auch die schwarze kennen würdest?

Ich kann Dir versichern, wenn man in einer klaren Sternennacht auf Deck steht und zum Himmel emporschaut, dann ist es, als ob man die Ewigkeit fühlen kann. Man bekommt eine Ahnung davon, wie unbedeutend man selber ist im großen Weltgeschehen, so unbedeutend, daß man kein Recht hat, Bedingungen zu stellen und zu fordern. Kennst Du das Gefühl, das man hat, wenn man mit einem wirklich großen und geistreichen Menschen zusammen ist? Man fühlt sich klein und unbedeutend, man sitzt nur da und lauscht voll Andacht auf seine Meinung über die verschiedenen Probleme. Ganz ebenso müßten auch wir, Du und ich, auf unseren größten Lehrmeister hören, das Leben selbst, und alles tun, was in unserer Macht steht, um von ihm zu lernen.

Ich glaube, ich muß jetzt aufhören, denn ich bin gerade dabei, starkes Fieber zu bekommen, und leide höllische Schmerzen. Aber das Schreiben hat mir geholfen, bloß hoffe ich, Du verstehst mich und kannst lesen, was ich geschrieben habe. Ich kann es nicht besser machen in dem Zustand, in dem ich jetzt bin.

Danzig, den 23. Mai 1941

In der Nacht kam die Krise. Der Arzt wurde gerufen, und er kontrollierte meinen Puls. Ich fühlte mich allzu schwach, um zu protestieren, und ich hatte viel zu verfluchte Schmerzen. Ich glaube, daß er die Wunde wieder ganz aufschnitt und herauspreßte, was er nur vermochte. Es tat weh, und ich glaube, daß dies eigentlich das erste Mal war, daß ich mir selbst leid tat und mein Schicksal verwünschte. Aber ich machte mich hart und sprach mir selber zu: »Ist man ein Seemann oder ist man keiner?« Jetzt verstehe ich, was es heißen will, seinen ganzen Willen einzusetzen, um sich über seine rein körperlichen Leiden zu erheben. Der Arzt sagte zum Schiffer, weil er vermutlich meinte, ich verstünde kein Deutsch, daß es um Leben oder Tod gehe, und daß man mich nicht umbetten dürfe. Eigentlich hatte ich nicht die geringste Angst. Ich dachte an meine Mutter und hatte Mitleid mit ihr. Dann dachte ich an Dich, Hanne, und ich dachte daran, wie Du diesen Brief als letzten Gruß von mir wohl aufnehmen würdest. Ich dachte daran, daß es im Grunde ein schlechter Brief mit lauter großen Worten sei, die leider gar nicht zu meinem Leben passen. Ich will nicht leugnen, daß ich mich besser hingestellt habe, als ich wirklich bin, ich gab in einer gewissen Selbstgefälligkeit solche Anschauungen zum besten, um Dir zu imponieren. Hanne, ich bin nicht so, wie ich schrieb, aber trotzdem meine ich, daß man sich anstrengen müsse, eine solch große Persönlichkeit zu werden, daß man so denken und leben kann.

Wenn ich doch jetzt daheim läge, daß ich voll Sehnsucht darauf warten könnte, Deinen Schritt auf der Treppe zu hören. Aber natürlich liege ich hier und genieße es, daß ich allezeit an Dich schreiben kann, selbst wenn ich so sonderbar matt und müde bin. Heute nacht, nachdem der Arzt gegangen war und ich einige schmerzstillende Mittel bekommen hatte, kamen leichte Fieberphantasien über mich. Sie waren wunderbar schön, weil ich mit Dir zusammen war.

Hat es Dir nie Freude gemacht, Dich auf den Schwingen der Phantasie forttragen zu lassen? Laß uns so, Du und ich, Hand in Hand hinausziehen. Hanne, wir sind unterwegs durch einen wunderbaren Tannenwald. Wir gehen Hand in Hand, ach, wenn Du wüßtest, wie stark ein kleiner harmloser Riß an Deiner Nagelhaut mich bewegt – ich gebe Deiner Hand einen leisen Druck, und Du erwiderst ihn, und wir schauen einander in die Augen. Ich sehe, wie sich langsam ein Lächeln in Deinen Augen entzündet, glücklich lachen wir einander an und gehen weiter, tief ergriffen von dem Gefühl der Zusammengehörigkeit. Jetzt macht der Weg eine Biegung nach rechts, und wir beschleunigen unsere Schritte, um zu sehen, was für eine Überraschung die Natur uns diesmal schenken will. Vor unseren Blicken liegt ein wunderbarer kleiner, blauer Waldsee. Wie schön er ist. Wir stehen still, tief bewegt von soviel Schönheit, die sich hier an einer einzigen Stelle vereinigt hat. Bist Du noch mit dabei, oder langweilt es Dich? Wir setzen uns am Ufer in das frühlingsgrüne, duftende Gras. Du sitzt und kaust an einem Hälmchen, und wie lieb und hübsch siehst Du aus. Deine Gedanken sind sicher so klar und rein wie das Quellwasser, das dort oben bei der mächtigen Tanne in den See sich ergießt – sie sind sicher so erstaunlich schön und phantasievoll, daß ich, selbst wenn ich sie lesen könnte, ihre Tiefe und Bedeutung nicht erfassen würde. Nun legst Du Dich ins Gras, verschränkst die Arme über Deinem Kopf und betrachtest eine große Libelle, die sich auf einem Zweig gerade über Dir niedergelassen hat. Wie sehr mußt Du staunen über ihren zarten Bau und über das feine Netz der Flügel mit ihrer wunderbaren Farbenzusammensetzung. Während Du das alles betrachtest, staune ich über all das Glück und all das Schöne, das mir das Leben geschenkt hat, und ich fühle, daß ich den Rest meines Lebens hingeben könnte für diese eine Stunde. Hanne, hast Du nie empfunden, daß Liebe nicht nur heißt, einander anzusehen, sondern auch gemeinsam etwas zu betrachten? Wenn Du glaubst, meine Phantasie brenne mit mir durch, so antworte ich Dir bloß, daß ich Fieber habe, daß ich aber auch im gesunden Zustand so phantasieren kann, wenn ich Lust dazu habe.

Jetzt kommt einer der Schiffsjungen herunter und erzählt, daß sie daran seien, eine Hängematte herzurichten, damit ich von heute morgen an oben in der Sonne liegen kann. Wie freue ich mich, wieder hinaus ins Tageslicht zu kommen, wie ein Kind auf den Weihnachtsbaum, so freue ich mich – wenn jetzt nur heute morgen schönes Wetter sein wird. Eine solche Rücksichtnahme von seiten der Kameraden bringt mich zu dem Glauben, daß die Seeleute weit besser sind als andere Menschen. Im täglichen Leben ist es ein hartes Mannsvolk, auf ihre eigene barsche Art aber immer freundlich und hilfsbereit, wenn man krank ist oder einem sonst etwas fehlt.

Nun ist es Abend, die andern sind an Land gegangen, um einige »Mädchen aufzugabeln«, wie sie sich ausdrücken. Ach ja, sie wissen halt nichts Besseres und kennen keinen schöneren Zeitvertreib. Ich glaube, mein Bein will besser werden, jedenfalls pocht es nicht mehr so schlimm, und es ist gleichsam Frieden und Ruhe in den gesamten Kreislauf zurückgekehrt. Es fängt an zu dämmern und dunkel zu werden, aber gleichwohl gönne ich mir die Freude zu schreiben, weil die Zeit so angenehm vergeht, wenn ich so liege und an Dich schreibe.

Nun sollst Du noch etwas wissen, was, wie mir scheint, ein wenig sonderbar aussieht. Alle dänischen und norwegischen Schiffe werden mit der Ausrede zurückgehalten, daß es keine Kohlen für sie gebe, während russische und schwedische Schiffe davon soviel bekommen, als sie haben wollen. Unser Schiffer hat sich mächtig aufgeregt und befürchtet, daß die Deutschen nun die dänischen Schiffe für den eigenen Gebrauch konfiszieren wollen. Laß uns hoffen, daß es nicht so schlimm wird.

Danzig, den 24. Mai 1941

Der Arzt ist soeben hier gewesen. Er war mit seinem Patienten sehr zufrieden. Er meinte, daß ich den guten Ausgang in erster Linie meiner Konstitution zu verdanken habe, zu der ich mir gratulieren könne, und daß ich nun, nachdem das Schlimmste überstanden sei, rasch gesund werde. Wie wunderbar wird es sein, aufstehen und wieder an der Sonne arbeiten zu können. Zum ersten Mal habe ich heute nacht geschlafen, wie man schläft, wenn man zum Umfallen müde ist.

Gestern abend, als ich im Zwielicht dalag, nachdem es zum Schreiben allzu dunkel geworden war, überdachte ich, was ich in diesem Brief geschrieben habe, und was ich heute an Dich schreiben wolle. Vieles davon habe ich wieder vergessen, aber einiges wenige ist immerhin hängengeblieben, und so will ich nun versuchen, diese Gedanken aus der dunkeln Nacht vor Dir auszubreiten.

Fühlst Du nicht, daß Wissen und Erziehung eine überlegene und starke Sicherheit geben? Ich habe das schon tausendmal empfunden, seitdem ich aus der Schule gekommen bin. Ich ärgere mich bloß, daß ich nicht jede Gelegenheit, etwas zu lernen, ausgenützt habe, wo immer sie sich bot. Ich habe nur den einen Trost, daß ich weit mehr Möglichkeiten habe, Wissen und Kenntnisse vom Wichtigsten – vom Menschen nämlich – mir zu erwerben, als gewöhnliche »Landkrabben« sie haben. Es soll eines meiner großen Lebensziele sein, eine so gründliche Menschenkenntnis zu erwerben, als überhaupt möglich ist, und daraus zu lernen. Es ist ein großer Gewinn, aus seinen eigenen Erfahrungen zu lernen, aber ein noch größerer, aus den Erfahrungen anderer lernen zu können. Könnte man bloß eine Kultur erreichen, in der die Menschen nach ihrem menschlichen Wert eingeschätzt würden, und nicht nach ihrer Geburt oder nach dem, was sie geerbt oder gar sich erschwindelt haben. Ein Mensch mit dem Adel der Seele ist hundertmal mehr wert als ein Adeliger von Geburt. Wenn man dieses erkannt hat, dann läßt man sich durch glänzende Namen, Orden und Titel nicht mehr imponieren, dann achtet man den Armen ebenso hoch wie den »Herzog«. Etwas von diesem Gedanken haben die Deutschen aufgegriffen, aber sie haben ihn falsch verstanden im Versuch, ihn zu verwirklichen, und sie haben ihn ins Gegenteil verkehrt. Die Welt soll nicht mit Gewalt und Zwang regiert werden, so wie Verbrecher behandelt werden, nein, die Selbstdisziplin jedes einzelnen Menschen zu entwickeln, soll das leitende Prinzip sein. Wenn man imstande wäre, ein Volk in seiner Kultur so zu entwickeln, daß es die Kraft bekäme, auf seine eigenen, rein persönlichen Wünsche zugunsten eines höheren Zieles zu verzichten, eines Zieles, nach dem man jetzt noch im Blinden tappt und dem man sogar mit Krieg und Spektakel immer ferner rückt, dann wäre das eine so große und starke Kultur, daß aus ihr unermeßliches Glück hervorgehen würde.

Ich weiß wohl, daß dies nur Zukunftspläne sind. Ich glaube aber an das Gute, ich glaube daran, daß der Mensch in seiner Entwicklung eines Tages so weit kommen wird, daß er eine größere Freude darin findet, andern zu helfen und andere zu erfreuen, als ständig nur an sich selbst zu denken. Ich glaube, daß in einer noch fernen Zukunft das menschliche Leben viel stärker von Gefühlen beherrscht sein wird als heute, so daß man diesem Ideal sich immer mehr nähert. Ich glaube nicht, daß die technische Entwicklung schuld ist am heutigen Chaos, vielmehr glaube ich, daß das Gefühls- und Innenleben der Menschen nicht Schritt halten konnte mit jener Entwicklung.

Du hättest sehen sollen, was sich hier vor einigen Minuten abgespielt hat. Da kamen zwei kleine deutsche Knaben, barfuß und kahlgeschoren, wie sie alle sind, und bettelten um ein Butterbrot. So sieht man, daß hier nun schon die Kinder an der Reihe sind zu hungern – sie sehen auch allesamt unterernährt und bleich aus. Sie taten uns leid, wie kann man anders empfinden solchen Kindern gegenüber, was vermögen sie schon für ihr unglückliches Schicksal? Wir gaben ihnen soviel, als sie essen konnten, aber unter der Bedingung, daß sie das keinem ihrer Kameraden erzählten. Sie waren ganz außer sich vor Freude, sich einmal richtig sattessen zu können, und dann stürmten sie heim, von dem Glück zu erzählen, das ihnen widerfahren war, kaum daß sie den letzten Bissen im Munde hatten. Wenn die Buben nun heimkommen und erzählen, daß sie auf dem Schiff einer fremden Nation zu essen bekommen haben, denke Dir die Eltern, wie es sie kränken muß, daß sie selbst nicht mehr imstande sind, ihre Kinder richtig zu ernähren.

Hier befindet sich eine Menge großer und kleiner Kriegsschiffe, und auch heute liefen wieder neue ein. Das wildeste Gerücht geht um, daß es nun gegen Rußland losgehen soll, und vieles deutet auch darauf hin. Möge das nur geschehen, aber nicht, bevor wir hier weg sind und heimgefunden haben.

Wie Du wohl bemerken wirst, kann ich die Zeilen kaum mehr unterscheiden. So wünsche ich Gute Nacht, um noch mit den Gedanken bei Dir zu sein. Gute Nacht, Du liebe, liebe Hanne, und Dank für den heutigen Tag.

Danzig, Sonntag den 25. Mai 1941

Guten Morgen, wie hast Du geschlafen heute nacht? Kann ich für das Fräulein irgend etwas tun, und geht es ihm gut?

Ich selber fühle mich wie ein frisch gewaschenes kleines Ferkel, strotzend von Gesundheit und Lebensfreude. Heute nacht habe ich geschlafen wie ein Stein. Zum Teufel, wie ich mich nach Dir sehne, wenn ich so daliege und mich langweile. Und ich bin nun so gesund geworden, daß ich es nicht richtig finde, immer noch hier in der Koje liegen zu müssen. Den ganzen Vormittag soll ich oben in der Hängematte liegen, und hoffentlich auch noch am Nachmittag. Das Wetter läßt sich nicht mehr so gut an, nach Aussage der andern, ich erhoffe aber das beste. Es wäre abscheulich, wenn ich einen ganzen Tag oder gar mehrere Tage noch hier unten liegen müßte. Mein Brief hier würde dann so lang werden, daß Du ihn nicht bis zu Ende lesen möchtest.

Am Abend:

Ich habe heute den ganzen Tag an der Sonne gelegen und gefaulenzt. Man brachte mir das Essen hinauf, und ich habe das Leben richtig genossen und fühle mich wieder wie ein ganz neuer Mensch. Nur werde ich von den Wanzen arg geplagt, sie haben mich so gebissen, daß meine Arme ganz geschwollen sind. Daran ist zum großen Teil die Wärme schuld und auch, daß ich den Hauptteil des Tages in der Koje liege. Jetzt empfinde ich das natürlich besonders stark, weil ich nicht mehr krank bin, und so habe ich etwas, worüber ich mich ärgern kann. Ich würde viel drum geben, sie loszuwerden. Mein einziger Trost ist die Aussicht, nur noch anderthalb Jahre auf diesem hölzernen Segelschiff fahren zu müssen.

Ich weiß nicht, woher es kam, aber ich habe heute eine ganz idiotische Sehnsucht danach gehabt, Tennis zu spielen. Ich träumte mich hinein, wir wären draußen und spielten, und Du hattest einen großen Vorsprung und besiegtest mich, wenn es auch hart auf hart ging. Das war schön. So etwas müßte es öfters geben. Gerade jetzt sitzen die andern da und diskutieren über Versteckspiele und andere brave Kinderspiele wie Blindekuh u. ä. Sie werfen sich mit einem Eifer und einer Begeisterung in die Diskussion, daß man nicht anders als staunen kann, wenn man sie über die Frauen mit einer so eingehenden Kenntnis und Erfahrung diskutieren hört. Am Anfang hat mich das recht unangenehm berührt.

Nun ist wieder die dunkle Abenddämmerung da, die uns das eigentümliche Gefühl einer viel stärkeren Verbindung mit der Natur gibt, so daß wir uns nach Vertraulichkeit sehnen und den heißen Drang verspüren, uns über alles mögliche auszusprechen. Es ist, als ob einem eine Menge Gedanken und Gefühle zuströmten, die einem im grellen, klaren Tageslicht ganz fremd sind. Man spürt einen übermächtigen Drang, diese Gedanken und Gefühle auszubreiten, natürlich am liebsten vor dem Menschen, der einen versteht.

Ich komme mir so dumm vor, wenn ich die eine oder andere Regung oder Strömung meines Herzens in Worten ausdrücken möchte. Lese ich das nachher durch, so finde ich nur ganz allgemeine und oberflächliche Worte, die nichts von all dem enthalten, was ich ausdrücken wollte, als ich es niederschrieb. Es ist dumm, etwas zu versuchen, was einem doch nicht gelingt, ich weiß es wohl – aber Hanne, ich kann es nicht lassen, ich muß es einfach tun. Du findest es vielleicht trivial und langweilig, daß ich Dir immer und immer wieder über meine Gefühle schreibe, aber sie sind es doch, die mein ganzes Leben mit unendlicher Süßigkeit erfüllen. Ich könnte ja versuchen, zu beschreiben, wie wunderbar Du bist, aber das würde nicht so ehrlich klingen, und es würde nicht mein Gefühl sein, wie ich es im Herzen trage. Herz ist vielleicht ein abgedroschenes Wort und aus der Mode gekommen – aber Du weißt doch, wie es ist, wie ein Saugen oder vielleicht noch eher wie ein Dürsten tief im Innern, das ist, glaube ich, die Stelle, wo das Herz seinen Sitz hat.

Du weißt, was man fühlen kann, wenn man vor einem lodernden Kaminfeuer sitzt und in die Flammen schaut. So fühle ich jetzt. Ich liege flach auf dem Rücken so gut, als sich das tun läßt, weil die Koje etwas schmal ist, und ich starre in die Flamme eines Stearinlichtes, das ich auf die Klinge eines Messers gestellt habe, welches ich in das Schott hineingesteckt habe. Wenn ich schreibe, halte ich mit der linken Hand den Block senkrecht über mich. Mein Fuß liegt, so hoch wie möglich, in einem Handtuch, das in Form einer Schlinge unter dem Verdeck befestigt ist. Kein Graf, der seine Füße auf den Tisch legt, könnte es besser haben als ich. Es läßt sich freilich denken, daß er nicht der gleichen Meinung wäre. Nun mußt Du mich einen Augenblick entschuldigen, aber ich muß eben auf die große Raubtierjagd im Dschungel. Die Raubtiere sind die Wanzen, der Dschungel ist meine Koje, und die Büchse ein Stearinlicht, in dem ich sie langsam – um richtige Rache zu nehmen – verbrennen lasse.

Hallo, hier bin ich wieder. Jagdresultat sind 67 Wanzen, Patronenverbrauch 8 Stearinflecken auf meinem Kojezeug. Es ist die größte Jagdbeute, die ich jemals in meinem Leben gehabt habe. Ich fand einen Riß zwischen zwei Leisten im Schott. Dort waren so viele wie Sand auf dem Strand. Ich nahm das Messer und kratzte sie heraus, um sie dann zitternd und mit vor Jagdeifer glänzenden Augen in die Lichtflamme zu schleppen. Sie schrien, daher liege ich nun hier und bekomme Gewissensbisse und fürchte für meinen Schlaf in der Nacht. Ich hoffe, Du hast Nachsicht mit meiner angeborenen starken Mordlust.

Entschuldige, daß ich heute nacht mein Schreiben abgebrochen habe, aber das Licht kippte um, als ich die Wache um ein wenig Wasser bitten wollte, und weil keiner von uns ein Zündhölzchen hatte, mußte ich notwendigerweise die Jagd für diesmal einstellen. Aber jetzt scheint die Sonne, und ich liege bequem in der Hängematte. Ich fühle mich munter wie ein Fisch, wenn auch noch ein wenig matt, und ich durfte heute zum erstenmal allein auf Deck in die Hängematte kriechen. Von unten in der Mannschaftskajüte kann ich mit den Händen die Kante des Lukerahmens erreichen, so kann ich mich selber mit den Armen auf das Deck hinaufheben. Von dort hüpfte ich wie ein kleines Mädchen zur Hängematte und kletterte hinein. Das Wetter ist heute wieder ganz wunderbar, und ich liege da und verfolge das Spiel von vier kleinen deutschen Buben mit großem Interesse und unterhalte mich dabei vorzüglich. Wir liegen am Rande des Kanals dicht am Rasen. Es ist ein zehn bis fünfzehn Meter langer, ebener Grasboden, dann kommt ein etwa zehn Meter hoher Abhang, und höher oben, oder besser gesagt darüber, liegt der Wald. Die Stadt haben wir auf der andern Seite. Die Kinder spielen teils im Wald und teils auf dem Abhang. Sie sehen nicht schön aus mit ihren kahlgeschorenen Köpfen, aber ihnen zuzuschauen macht Spaß. Sie sind in ihrem unschuldigen Spiel doch viel natürlicher, als man im ersten Augenblick angenommen hat. Es wird einem bei ihrem Anblick warm ums Herz, ganz ähnlich wie beim Anblick eines Vögelchens, das sich putzt oder ein Bad nimmt. Sie stehen beide unendlich hoch über den Kleinlichkeiten dieser Welt, wenn sie auch im Verlaufe weniger Sekunden in den Ernst ihres Lebens hineingerissen werden können.

Heute hat man mir befohlen, die Arbeit wieder aufzunehmen. Weil ich aber mit meinem Bein noch nicht herumgehen darf und es beständig ruhig halten soll, bin ich zur Wache bestimmt worden. Alles, was ich zu tun habe, besteht darin, nachts in der Kabuse* zu sitzen und Augen und Ohren offen zu halten, daß niemand etwas anstellt, und im Falle von Luftalarm hinzuhumpeln und die Laternen zu löschen. Jetzt sitze ich in der Kabuse und schreibe. Mein Bein tut immer noch höllisch weh, aber wie kann man es anders erwarten, wenn man es nun zum erstenmal für längere Zeit unten halten muß. Wer weiß, ob es nicht das beste ist, auf eine etwas harte und bestimmte Art wieder in Gang zu kommen. Ich hoffe jedenfalls, daß es gutgehen möge.

Ich habe die Gelegenheit benützt, zum erstenmal seit acht Tagen mich wieder über den ganzen Körper zu waschen. Es war herrlich, und nun habe ich Wasser aufgesetzt, damit ich im Verlaufe der Nacht alle meine Kleider waschen kann. Es ist brütend heiß, und ich sitze hier, nur mit Shorts und Schuhen bekleidet. Es ist prachtvoll, wieder sauber zu sein; aber es bleiben wohl einige lange Nächte, obwohl ich sie durch Schreiben an Dich verkürzen kann.

Hier bin ich wieder. Es ist jetzt ein wenig über drei Uhr. Ich habe in den letzten vier Stunden Waschfrau gespielt. Es ist keine lustige Arbeit, aber schön ist es, sie erledigt zu haben und zu wissen, daß man nun kein schmutziges Zeug mehr hat. Kannst Du mich als Waschfrau Dir lebendig genug vorstellen?

Hanne, mir ist der Gedanke gekommen, daß dieser Brief vielleicht als ein Angriff in den Rücken zu Dir kommt – ich bin, ohne um Dein Einverständnis zu fragen, davon ausgegangen, daß Du mich gern hast. Eigentlich ist das furchtbar eingebildet von mir, denn ich habe Dir außer meinen Ge-

* Kabuse: der Verschlag mit dem Steuerrad

fühlen nichts zu bieten, und vielleicht sind diese ohne Bedeutung für Dich.

Nun zwitschern die Vögel, und der östliche Horizont färbt sich rosenrot. Wärst Du doch hier, um die Schönheit dieses Morgens zu erleben. Es ist etwas Besonderes, einen solchen Sonnenaufgang ganz allein zu erleben, man kann es gar nicht beschreiben. Man denkt so vieles, und die Gedanken bewegen sich alle um das liebste Ziel, und das ist, Dich im Leben so glücklich und froh zu machen, als es nur in eines Menschen Macht steht. Hanne, wenn Du spät am Abend heimkommst und den Mondenschein genießt, dann denke an mich, ich werde es fühlen und an Dich denken. Es wird schön sein, zu wissen, daß Du daheim bist und daß Deine Gedanken bei mir sind.

Hier gehen die wildesten Gerüchte um, daß die Deutschen eine Menge großer englischer Kriegsschiffe versenkt haben, daß Amerika offiziell in den Krieg eingetreten ist und daß die Deutschen nun gegen Rußland losziehen werden. Die Kriegsspannung wächst stündlich. Die Deutschen haben draußen vor dem Hafen eine doppelte Minensperre gelegt, und hier innen haben sie ganze Flottenabteilungen zusammengezogen. Man kann wohl sagen, daß wir im Brennpunkt der Ereignisse liegen werden, wenn es gegen Rußland losgeht. Alle Verbindungen mit den Russen sind laut Behauptungen der deutschen Soldaten abgebrochen, und sie warten nur darauf, daß es losgeht. Aber für die Zuverlässigkeit des letzteren kann ich nicht einstehen, weil ich grundsätzlich mit ihnen nur spreche, wenn ich ihnen klarmachen kann, wie dumm und beschränkt sie sind und wie hoffnungslos alles aussieht für sie.

Ach ja, da hätte ich übrigens beinahe das Wichtigste vergessen. Sei bedankt für gestern. Es war lieb von Dir, daß Du hast aufbleiben wollen, um Dich die ganze Nacht mit mir zu unterhalten. Ich hoffe, der Tag nachher ist nicht allzu anstrengend gewesen. Ich habe den Koch um 6 Uhr geweckt, und er fühlte sich offenbar zu etwas Leckerem aufgelegt, denn er machte Pudding für uns, noch bevor ich mich in die Koje zurückzog.

Mein Fuß ist viel besser. Ich habe heute zum erstenmal versucht zu gehen. Es tat noch weh, aber ich glaube, daß es sich bald geben wird. Der Arzt hat ihn untersucht, und wie ich ihn verstand, war er sehr zufrieden damit. Hoffentlich bin ich wieder ganz gesund, wenn wir heimkommen.

Ich glaube, heute nacht wird etwas geschehen; sie sind geflogen wie nie zuvor und nicht wie sonst in planlosem Flug, nein, sie sind von hier weggeflogen und nur wenige kamen zurück. Sie starten und sind den größten Teil der Nacht gestartet, in der Weise, daß der nächste startete, sobald der vorangehende in der Luft war. Sie fliegen allesamt gen Süden. Es ist recht interessant, das Ganze von Anfang an verfolgt zu haben, wenn es nun loskracht, und es kann gut sein, daß es mehr als nur interessant wird, wenn sie nun im Ernst beginnen und wir beständig weiter hier liegen bleiben.

Hei, jetzt fängt der erste Vogel zu zwitschern an. Das ist ein gutes Zeichen, weil es nun nicht mehr lange geht, bis ich meine Laterne löschen und in die Koje kriechen kann. Das wird mir gut tun. Für heute nacht bin ich fertig, gewaschen und sauber wie ein braver, kleiner Bub.

Danzig, Wester Platte, Mittwoch, den 28. Mai 1941

Nun fängt es bald an, langweilig zu werden, hier noch länger liegen zu bleiben. Es war bestimmt nicht das, was ich erwartet hatte, als wir auszogen.

Mitternacht ist es jetzt. Ich habe gerade die Runde gemacht, um nachzusehen, ob alles ist, wie es sein soll. Es ist der Fall. Hanne, ich schaute empor zu den Sternen und dachte an Dich und wie Du warst, als wir das letztemal beisammen waren. Und dabei überraschte es mich, wie erstaunlich gering mein Wortschatz ist. Ich kann Dir nicht einmal schildern, welche Farbe der Himmel hatte, was in meinen Gedanken vor sich ging, oder auch nur eine einzige der vielen kleinen Stimmungen deutlich machen, die alle zusammen mich so bewegt haben. Wenn ich es doch könnte, dann, glaube ich, wäre dieser

Brief imstande, Dich zu fesseln, Hanne, und was gäbe es Schöneres für mich.

Ich habe darüber nachgedacht, wie erstaunlich verschieden die Menschen der verschiedenen Volksschichten nahezu alles anschauen und wie unglaublich stark sich darin die Erziehung geltend macht. Die Seeleute zum Beispiel betrachten im allgemeinen die Frau nur von der erotischen Seite und beachten über diese hinaus nur noch die rein arbeitsmäßigen Fähigkeiten an ihr. Mehrfach habe ich beobachten können, daß ein Seemann, der daheim eine Frau oder eine Braut hatte, gleichwohl der ersten besten Hafendirne nachlief, die er erwischen konnte. Dabei ist es ein ehrliches Volk, und es beeinträchtigt ihr Verhältnis zu denen daheim nicht im geringsten. Sie nehmen diese Dinge vollkommen offen und natürlich, und ich kann Dir versichern, wenn man sich ein wenig daran gewöhnt hat, so scheint einem etwas Ehrliches und Befreiendes in ihrer Auffassung zu liegen, obwohl ich selber mich niemals mit ihr zurechtfinden könnte.

Ich fragte einen von ihnen, wie er sich dazu stellen würde, wenn er etwas Entsprechendes von seiner Frau oder Braut hören würde. Er sah mich erstaunt, ja beinahe entsetzt an, als ob es nicht selbstverständlich wäre, daß er für eine solche Frau nichts mehr übrig haben könne. Ich fragte, wie er von ihr verlangen könne, daß sie ihm treu sein solle, wenn er es ihr gegenüber nicht sei. Er antwortete, daß das, was sie nicht sehe und wisse, ihr auch nicht weh tun könne. Er war so ehrlich, wie ein Mensch nur sein kann, es war keine Falschheit in ihm, und er liebte seine Frau ebenso ehrlich und aufrichtig, wie er es immer getan hatte. Es ist also nur seine Erziehung, die ihm diese für uns etwas sonderbare Einstellung gegeben hat.

Eigentlich glaube ich, daß er, der einfache Seemann, uns anderen an Ehrlichkeit überlegen ist und auch darin, daß er eine einfache und wirklichkeitsnahe Natur hat. Denke bloß daran, was für eine komplizierte Natur ein Individuum, wie ich es bin, ist, so kompliziert, daß ich dann und wann fühle, daß ich gegen mich selbst nicht ehrlich bin, und daß ich die Wahrheit nicht finden kann, weil ich auf eine falsche Spur geraten bin. Jetzt schreibe ich zum Beispiel, daß ich ein Schlappschwanz bin, nicht wahr, und meine es auch ganz ehrlich, trotzdem aber erfüllt es mich mit einer dumpfen Selbstgefälligkeit, daß ich imstande bin, Dir gegenüber so ehrlich zu sein. Fange ich an, meine Gedanken und Gefühle genauer zu analysieren, so muß mir bange werden, denn wie ich mich auch drehe und wende, so ist es mir einfach unmöglich, die vollkommene Wahrheit in mir selbst zu finden. Nur in *einer* Richtung habe ich die Wahrheit mit göttlicher Klarheit gefunden, in meiner Liebe zu Dir. Darum kommt sie mir auch so unermeßlich wunderbar vor, weil sie so rein und so einfach ist und weil in ihr nicht eine einzige Stelle ist, in der sich ein kompliziertes Gefühl finden läßt. Wie sehr wünschte ich, daß ich in meinem Innern das vollkommene Glück erreichen und Dich glücklich machen kann.

Das Leitwort meines Lebens soll bleiben: *»Die Wahrheit vereinfacht alles.«*

Ich hoffe, daß Du verstehen kannst, was ich meine. Du darfst aber ja nicht glauben, daß ich an Minderwertigkeitskomplexen leide, denn das ist keineswegs der Fall. Aber seitdem ich Dich kenne, habe ich ernstlich versucht, ein wenig in mich selber hineinzusehen, und ich habe mich entsetzt über die Gedanken, die ich mir früher über alles mögliche gemacht habe. Deshalb glaube ich bestimmt, daß ich keinen besseren Lebensweg hätte finden können als das Seemannsleben, weil ich hier die besten Möglichkeiten habe, meine Seele zu reinigen und meinen Charakter und Willen zu entwickeln. Ich habe im Gegensatz zu so manchen andern das aus meinem Leben gelernt, daß die Arbeit nicht das Ziel sein soll, sondern nur ein Mittel, seine Persönlichkeit zu entwickeln und auszubilden. Ich glaube daran, daß die inneren Werte viel wichtiger sind als die rein materiellen Güter, die man hier im Leben gewinnen kann. Damit ist nicht gesagt, daß ich nicht wünsche, etwas zu werden, nein, denn ich bin der Meinung, daß der Kampf darum, etwas zu werden, auch entwickelt, aber man sollte mehr darauf achten, nicht blind auf ein Ziel zu starren und dabei alles andere zu vergessen.

Nun darfst Du nicht glauben, daß das alles nur große Worte seien, denn dies würde mich sehr schmerzlich berühren, und es würde mir schwerfallen, eine solche Auffassung an Dir zu verstehen.

Ich bin dabei, zum Frühstück aufzuräumen. Die Sonne geht gerade auf, und hier ist es so schön, daß ich vor lauter Lebensfreude mein Glück hinausjubeln möchte. Ich muß Dir gestehen, daß das Leben zur See für mich gerade so wunderbar ist wie die Sommerferien für einen Knaben. Immerhin, so schön es auch ist, jetzt soll mich nichts mehr hindern, die Laterne wegzuräumen und in die Koje zu kriechen.

Danzig, Wester Platte, Donnerstag, den 29. Mai 1941

Wolken und Regen. Ich bin heute beim Arzt gewesen, um etwas Salbe für meinen Fuß zu bekommen, da sich nun die Haut ablöst. Sie hat genug von allen warmen Umschlägen und Essigsäuren, bedankt sich und verschwindet. Mein ganzer Fuß ist jetzt, wie Du verstehen wirst, eine einzige große Blase, befindet sich aber glücklicherweise im übrigen wohl dabei.

Du solltest das Leben hier im Kanal sehen. Ich weiß nicht, ob du irgend etwas darüber gelesen hast. Hier ist alles überfüllt von uralten Leichtern, die so vermodert aussehen, daß man staunt, daß sie nicht auseinanderfallen. Ganze Familien leben an Bord und haben meistens auch noch einen Hund oder eine Katze. Sie wohnen achtern, haben kleine, viereckige Fenster mit Vorhängen in allen möglichen Farben und Blumentöpfe davor, so, wie man es in einem kleinen dänischen Bauernhof sehen kann. Auf Deck hängt Wäsche zum Trocknen. Am Steuerrad steht ein kleines Kerlchen von vielleicht acht Jah-ren in zerrissenen Hosen und noch zerfetzterem Hemd. Die Familie besorgt die Schiffahrt allein, und alle helfen dabei. Trotz aller Primitivität sehen sie glücklich, wenn auch etwas schmutzig aus.

Wieder ist es wenig über Mitternacht. Anders als in den anderen Nächten, in denen ich Wache hatte, gießt es herunter, aber das macht nichts, denn was gibt es Gemütlicheres, als weich und warm in der Wolle zu sitzen und den Regen auf das Dach trommeln zu hören.

Hier in der Kabuse ist es glühend heiß, da sie wegen der Verdunkelung hermetisch abgeschlossen werden muß. Sie sind damit sehr streng geworden, seitdem die Russen begonnen haben, ihnen Kopfschmerzen zu machen. Ich habe mir vom Schiffer erzählen lassen, daß wir vorläufig keine Kohlen bekommen, weil Bahnen und Eisenbahnwagen sämtlich für den Truppentransport an die deutsch-russische Grenze gebraucht werden. Nach dem Hörensagen ist die diplomatische Verbindung mit Rußland abgebrochen, so hat man, glaube ich, begonnen, Feuer ins Pulverfaß zu werfen.

Was mich noch merkwürdiger anmutet, ist die Tatsache, daß hier jeden Tag ein Dampfer mit finnischen Arbeitern ankommt und dafür mit deutschen Soldaten nach Finnland zurückfährt. Es mag für Finnland »beruhigend« sein, so friedliche und gutmütige Freunde innerhalb seiner Grenzen zu haben. Außerdem geht hier mit großer Bestimmtheit das Gerücht um, daß die Russen das Ultimatum gestellt haben, sich mit dem Moment aktiv am Krieg beteiligen zu wollen, in dem ein amerikanisches Schiff versenkt werde.

Danzig, den 30. Mai 1941

Liebe Mutter

Unser Proviant ist am Ausgehen, und wir sind nun auf deutsche Ration gesetzt worden. Hätten wir selber nicht einiges zurückbehalten, so würde das Leben bald sauer für uns aussehen. Ich will meine Schilderung, wie schlimm es die Deutschen haben, nicht übertreiben, aber hier liegen zwei Dampfer, ein dänischer und ein schwedischer, die ganz auf deutsche Ration gestellt sind, sie arbeiten nur vier Stunden am Tag, weil ihre Schiffer und Steuermänner sich darüber geeinigt haben, daß bei einer solchen Verpflegung nicht länger gearbeitet werden kann. Unaufhörlich kommen Kinder an Bord und betteln um Essen, aber so war es wohl immer.

Ich werde von den Wanzen beinah aufgefressen und möchte gerne mehr Insektenpulver haben, ich glaube, es hilft. Außerdem bekam ich von einem alten Matrosen den Rat, in einem Bettüberzug zu schlafen. Könntest Du mir nicht einen solchen machen, den ich um den Hals fest zuziehen kann, oder noch besser wäre es, wenn Du für den Kopf einen Beutel aus Fliegennetzstoff darannähen würdest, dann bin ich in dem Sack ganz abgeschlossen.

Ich genieße das Leben auf See in vollen Zügen und habe es so liebgewonnen, wie ich mir nie hätte träumen lassen.

Nun soll ich hinaus, die WC entleeren und andere kleine Pflichten erfüllen, die ich als Wache habe.

Liebe Grüße von Kim

Danzig, den 30. Mai 1941

Liebe Hanne

Hier ist ein ununterbrochenes Fliegen, daß einem der Kopf davon saust. Wir verfolgen die Entwicklung voller Spannung. Wenn es losgeht, wird es heiß werden hier, aber Du weißt ja, wie die Seeleute sagen: »Man soll nicht klagen, solange man noch Feuer für seine Pfeife hat.«

Die Matrosen langweilen sich auch, es herrscht ein schreckliches Weiberleben an Bord. Eine oder zwei wohnen beständig hier, so daß man just nicht mehr behaupten kann, es sei einsam in dem ohnehin kleinen Mannschaftsraum. Du kannst Dir vielleicht den Typus dieser deutschen Hafendirnen vorstellen, es ist gar nichts Schönes, dessen kann ich Dich versichern. Nicht daß ich finde, es sei etwas Unnatürliches oder Verwerfliches daran, nein, gar nicht, eigentlich ist etwas Wohltuendes dabei, mit Menschen zusammenzukommen, die sich vollkommen offen und natürlich geben, aber trotzdem ist der kleine Mannschaftsraum eben doch etwas übervölkert. Die andern können mit des Teufels Macht und Gewalt meine Einstellung zu diesem kleinen Bestandteil des Daseins nicht verstehen, sie möchten eine Photographie von dem Mädchen sehen, das einen Seemann auch dann festhält, wenn er draußen ist.

Ja, denke Dir, ich kenne Dich nur wenig länger als einen Monat, bin vielleicht nur zehnmal mit Dir zusammengewesen, habe mich nie mit Dir ausgesprochen, und trotzdem schreibe ich Dir alles, was ich denke, so, als ob ich Dich immer gekannt hätte, als ob ich Dich beim Herz packen und an mich ziehen könnte.

Ich bin gerade draußen gewesen, um nachzusehen, ob alles in Ordnung ist. Das war es auch. Der Mond war in die Koje gekrochen, und die Sonne hat zu gähnen und ungeduldig sich zu drehen begonnen.

Danzig, den 31. Mai 1941

Ich weiß nicht warum, aber ich bin heute in strahlend guter Laune gewesen, und bin es übrigens noch immer. Den ganzen Tag bin ich voller Jubel gewesen. Du kennst doch diese heitere, innere Freude, die man manchmal empfindet, kaum daß man die Beine aus dem Bett gestreckt hat, und die durchhält, bis man den Kopf wieder auf das Kissen legt. Jetzt fehlen noch zwanzig Sekunden bis Mitternacht, nun noch zehn und nun eine halbe. Und jetzt schreiben wir den 1. Juni 1941. In der Silvesternacht sagt man: »Hab Dank für das vergangene Jahr.« Da wir zwei noch so »jung« sind, will ich sagen: »Hab Dank, Du, für den vergangenen Monat und Erfolg und Glück im kommenden.« Ich habe heute eine vollkommen wahnsinnige Jagd auf die Wanzen veranstaltet. Ich brach alle Bretter auf, riß die Wandverkleidung herunter, und die Bodenbretter und das Bettzeug habe ich oben auf Deck in der Sonne gehabt. Du kannst Dir vielleicht vorstellen, wie es in meiner Koje jetzt aussieht, nachdem nur noch die Bodenbretter und das Bettzeug darin sind. Ein wenig leer, aber wenn das hilft, so ist es das meiner Meinung nach wohl wert.

Ich weiß nicht warum, aber ich bin in solch guter Laune. Wenn ich Dich nur ein wenig damit anstecken könnte, oder wenn ich auf diese Entfernung hin einen Augenblick lang zusammen mit Dir froh sein könnte. Wie schön ist es doch, fröhlich zu sein, man freut sich über jede Kleinigkeit.

Ich bin gerade draußen gewesen, um nachzusehen, ob die Laternen hell brennen – das ist der Fall. Hanne, ich muß Dir sagen, das Wetter ist wunderbar – Himmel und Luft vollkommen klar und so viele Sterne. Es ist so schön, daß man es richtig spürt, wie die Gefühle in einem wachsen.

Ich bin so froh, aber gerade darum habe ich solch grenzenlose Sehnsucht nach Dir. Gute Nacht, Du Liebstes Du. Ich stelle mir vor, daß Du so süß schläfst wie eine Seerose auf dem Wasser.

Danzig, den 1. Juni 1941

Eigentlich ist das die reine Lüge, denn es ist Montag, der 2. Juni. Es ist nicht so leicht, sich mit der Zeit zurechtzufinden, weil die Tage hier so schnell aufeinanderfolgen, als ob sie einem in den Rücken fielen. Die Uhr zeigt jetzt eins, und ich hatte im Grunde gar nicht erwartet, daß ich heute nacht an Dich schreiben kann, weil ich, als meine Wache begann, den Auftrag erhielt, im Verlaufe der Nacht einen Stapel Bretter wegzuschaffen, die auf einer der Luken lagen, und sie in schönster Ordnung draußen unter die Reling zu legen. Der Stapel war so groß, daß ich nicht glaubte, vor dem hellen Morgen damit fertig zu werden, aber mit Dir im Herzen überwinde ich alles schnell und leicht. Ich glaube, daß es leider der letzte Abend ist, an dem ich die Wache habe. Ich werde diese vertrauten Nächte mit Dir hier in der kleinen, warmen Kabuse sehr entbehren. Ja, denke Dir, wie viele Gedanken wir hier ausgetauscht haben.

Nun geben mir die Vögel einen leisen Wink, daß es Tag werden will, darum schließe ich für heute nacht. Jetzt soll ich bloß noch aufräumen und mich waschen, und dann geht's in die Koje. Es hat geholfen, daß ich die Verkleidung in meiner Koje heruntergerissen habe, denn ich bin die letzte Nacht nur an einer einzigen Stelle gebissen worden. Dafür aber fluchen die andern, daß die Wände krachen, denn nun sind Leben und frohe Tage in ihren Kojen eingezogen. Es ist spannend zu erleben, wie sie enden werden. Gute Nacht, Du liebliches kleines Geschöpf, die Du allezeit mein Dasein erhellst.

Danzig, den 2. Juni 1941

Heute abend ist Mondschein, und ich habe Sehnsucht nach Dir. Eigentlich sollte ich andere Briefe schreiben, aber ich hänge an dieser augenblicklich einzigen Verbindung mit Dir wie die Biene an der gelben Blüte.

Hanne, wenn Du doch sehen könntest, wie wunderbar das Wetter heut abend ist. Der Halbmond, die Sterne und ein Himmel so rein und leuchtend in seiner Tönung. Er ist nicht dunkelblau, sondern tiefblau und dennoch hell. Schau, wie die Bäume auf dem Abhang sich gegen diesen Himmel abheben, der so hell ist, daß sie nicht wie sonst als schwarze Umrisse hervortreten, sondern einen wunderbaren, zauberhaften Schein ausstrahlen. Könnten wir doch bloß diese Farbenstimmung festhalten, aber nein, sie vergeht langsam, nun ist sie nahezu verschwunden, wir zwei aber wollen sie an einem Plätzchen unseres Herzens bergen, von wo wir sie leicht wieder hervorholen und uns an ihr freuen können. Auf der andern Seite haben wir den Mond über dem Wasser und die Takelung des Schiffes als schwarzen, himmelanstrebenden Umriß. Wir lassen uns von all dem ergreifen, von diesem Mond, diesem wunderbaren Mond, der uns so zärtlich stimmt.

Hier sind heute die wildesten Gerüchte umgegangen, daß in der letzten Nacht russische Maschinen über Bornholm abgeschossen worden seien. Wenn das wahr ist, dann glaube ich, daß es nun losgeht, und dann mag Gott wissen, wie lang die Deutschen sich halten können. Möge es nicht allzu lange dauern. Denke Dir, was für ein wunderbarer Tag das ist, an dem Frieden geschlossen wird.

Gott sei Lob und Dank ist jetzt die Rede davon, daß wir bald unsere Kohlenladung bekommen können, aber nicht hier in Danzig, sondern in Gdynia. Wir sollen bestimmt an einem der nächsten Tage dorthin fahren. Ganz gewiß habe ich es sehr gut gehabt, Wache sein zu dürfen in all der Zeit, wo wir hier lagen, aber trotzdem ist das doch nicht die Seite des Seemannslebens, mit der Bekanntschaft zu machen ich gewünscht hatte.

Heute nachmittag hatten wir eine recht lebhafte Diskussion über die Frauen. Die andern bestanden darauf, daß man als Mann sich nie spät genug verheiraten könne, und daß man so lange wie möglich ledig bleiben sollte. Der Steuermann war einer der eifrigsten, er ist verheiratet. Sie behaupteten, daß ein Seemann keine Möglichkeit habe, eine Frau an sich zu fesseln, bevor nicht eine Schar Kinder da sei, die ihr die Zeit vertreiben helfen. Ich vertrat den Standpunkt, daß es für einen jungen Mann nichts Besseres und Gesünderes gebe als die Liebe einer Frau, die für ihn eine Stütze sei und ihm Festigkeit gebe, ja noch mehr, daß man kein größeres Glück finden könne, als sich gegenseitig zu entwickeln und in jungen Jahren Kinder zu bekommen, wenn man noch das beste Verständnis für sie hat. Die andern glauben, daß ich nicht recht gescheit sei, daß meine Erziehung mich vollständig verdorben habe, und daß ich alle Vergnügungen über Bord werfe.

Was glaubst Du, daß die Leute denken würden, wenn sie wüßten, daß Du einen Brief von hundert Seiten bekommst? Die Seeleute hier schütteln voll Bedauern den Kopf und sagen: »Armes Mädchen, sie wird ja ganz wirr im Kopf, wenn sie das gelesen hat.« Heute nachmittag aber hatte ich einen großen Spaß, als ich hinüberkam auf ein dänisches Schiff, das gerade hinter uns liegt. Unser Koch war dort und bemerkte mich nicht, der ich an der Kabusentüre stand, und so hörte ich ihn auf die Prahlerei des andern Kochs, der sich damit brüstete, soeben einen zwölf Seiten langen Brief an seine Frau geschrieben zu haben, antworten, daß »wir drüben bei uns einen Kerl haben, der so verrückt ist, daß er einen Brief von hundert Seiten geschrieben hat«. Na, bist Du aber närrisch! Ich habe jetzt keine Zeit mehr, hoffentlich bin ich auch morgen nacht wieder Wache.

... Hallo, hier bin ich wieder. Endlich ist es entschieden. Wir sollen heute morgen beizeiten nach Gdynia fahren, um zu laden und von dort nach Vejle zu segeln. Das ist herrlich.

Hier ist es heute nacht vor Wärme beinah nicht mehr auszuhalten. Es muß sicher vom Wind herrühren, daß es derart heiß ist, selbst wenn alles geschlossen ist. Wegen der Verdunkelungseinrichtung kann ich die Tür nicht öffnen, um zu lüften.

Du hättest sehen sollen, was für eine tüchtige Waschfrau ich nachgerade geworden bin. Heut nachmittag habe ich all mein schmutziges Zeug gewaschen. Da wir keinerlei Bügeleinrichtung hier an Bord haben, war ich, ehrlich gestanden, in einiger Verlegenheit, wie ich mein Faltenhemd behandeln sollte. Da kam mir, fröhlich grinsend, der Steuermann mit einer Flasche kochenden Wassers zu Hilfe. Hast Du jemals von einer solchen Methode gehört? Ich bestimmt nicht, aber es gibt ja bekanntlich ein altes Sprichwort, das besagt, daß ein Seemann für alles einen Rat wisse – aufrichtig gesagt, mir hat es imponiert, als ich das Resultat sah.

Es wird bestimmt der letzte Abend sein, an dem ich so Stunde um Stunde dasitzen und an Dich schreiben kann, und es wird wohl nie mehr im Leben eine Möglichkeit geben, Briefe von über hundert Seiten zu schreiben, darum hoffe ich, Du wirst es dieses eine Mal ertragen. Denke Dir, in einer Woche bin ich im Besitz Deines Bildes. Es soll unter Glas und Rahmen in meiner Koje hängen, so wirst Du die letzte sein, die ich vor dem Einschlafen sehe, und die erste, die mir mit einem Lächeln »Guten Morgen« sagt. Du wirst die kleine Sonne in meiner Welt sein, die mein Leben erhellt, selbst unter den größten Schwierigkeiten und Bedrängnissen.

Ich bin wieder draußen gewesen, um mich ein wenig ab-

Hanne

zukühlen. Der Mond steht über dem Waldrand. Ich muß an unser letztes Zusammensein denken, da schien der Mond ebenso schön.

Hier ist das Unheimliche geschehen, daß ein deutscher Schoner nicht sehr weit außerhalb des Hafens auf eine Mine lief. Er versank augenblicklich, und von acht Menschen konnten nur drei ihr Leben retten. Es war scheußlich. Und vor zwei Tagen hat einer der Matrosen eines hier vor Anker liegenden dänischen Schiffes die Leiche eines Ertrunkenen auf seinen Bootshaken bekommen. Ich finde dieses alles so widerwärtig, daß man den Krieg mit all seinem Unglück verflucht und sich ekelt bei dem Gedanken, daß die, die ihn begonnen haben, zur Menschenrasse gehören.

Auf Wiedersehen, wann, weiß ich freilich nicht, erflehe aber, daß ich nicht allzu lange auf der Folterbank liegen muß.

Gdynia, den 6. Juni 1941

Wir sind nun hier angekommen, es klärt sich auf. Wir haben draußen auf der Reede gelegen, und wir haben ungeheuren Sturm und Seegang gehabt. Ich war Wache, wie gewöhnlich, und sollte wegen des Wetters mich von neun Uhr abends bis sieben Uhr des nächsten Morgens auf Deck aufhalten. Auch der Steuermann wechselte mit dem Schiffer auf Deck ab, so daß während der ganzen Zeit immer zwei Mann bereitstanden für den Fall, daß etwas passieren sollte. Ehrlich gestanden war das eine lange Nacht, und ich fror, daß ich es fast nicht aushielt. Steuermann und Schiffer hatten es nicht viel besser, aber konnten sich doch jede vierte Stunde ablösen, und wenn es zu schlimm wurde, konnten sie hinein an die Wärme gehen und ein wenig Kaffee trinken. In den vier Stunden zwischen Mitternacht und vier Uhr morgens ging ich mit dem Steuermann zusammen auf Deck auf und ab. Eigentlich war es herrlich, die Einstellung eines so mutigen, gesunden und unerschrockenen Mannes zu allem möglichen kennenzulernen. Wir diskutierten über den Krieg, die verschiedenen Menschentypen, die Religion, die Frauen und über all das, was uns sonst noch am Herzen lag. Man lernt viel, wenn man die Meinung eines andern hört, und selbst wenn man seine Ansicht nicht teilen kann, so versteht man ihn plötzlich und hat ihn gern, wie das immer bei Menschen der Fall ist, die man versteht.

Als die Sonne aufging, wurde es gleich ein wenig wärmer. Es war schön auf Deck bei einem unvergleichlichen Sonnenaufgang mit der schäumenden See als Vordergrund. Als es auf 7 Uhr ging, fing ich schon an mich zu freuen, bald in die Koje zu kommen, doch blieb es beim bloßen Gedanken. Nachdem ich kurz nach 7 Uhr hinuntergegangen war und etwas zu essen bekommen hatte, kam ein Lotsenboot heraus mit der Meldung, wir sollten in den Hafen einfahren. Also mußte ich wieder hinauf, um mitzuhelfen, das Schiff zur Abfahrt klarzumachen. Die Anker hereinzubekommen war wegen des Seegangs eine anstrengende Schufterei. Um 4 Uhr nachmittags waren wir im Hafen, und es wurde 6 Uhr, bis wir alles vertäut hatten. Ich wollte mich gleich nach dem Nachtessen ins Bett legen, da kam aber der Matrose mit einem dänisch sprechenden Polen herunter. Wie mitgenommen sah der Arme aus. Natürlich diskutierten wir mit ihm über die Politik.

In Deutschland schnallen sie den Riemen bereits aufs letzte Loch, und sie sind gar nicht mehr so siegesbewußt wie früher. Die armen Polen und Kriegsgefangenen haben es hart, furchtbar hart. Sie hungern, haben keine Kleider, keine Seife, und was das schlimmste ist, sie werden von den Deutschen mit einer Roheit behandelt, als ob sie die niedrigsten Tiere wären. Man wird ganz krank, wenn man das mit ansieht, sie selber aber ertragen es mit stoischer Ruhe und leben in der Überzeugung, daß »er« verlieren wird (»er« ist Hitler). Sie sagen nie »die Deutschen« – nein, sie sagen immer nur »er«. Ich fragte den Polen, ob er lieber unter den Russen als unter den Deutschen sein wollte. Er antwortete, daß er das nicht wisse, denn der eine sei ein Teufel und der andere ein Satan, aber eine Veränderung könne nie schaden. »Er« hatte diesem Polen Haus und Eigentum weggenommen und ihn in ein Arbeitslager gesteckt. Der Mann war ganz bleich im Gesicht, als er das erzählte, und er zitterte geradezu vor unterdrücktem Haß und innerer Erregung. Er und seine Frau hatten zwanzig Jahre lang hart gearbeitet und ein anspruchsloses Leben geführt, und dann war ihr Traum endlich Wirklichkeit geworden, und nun – ohne eine Warnung – wurde ihnen alles unter den Füßen weggerissen, und sie kamen tiefer hinunter, als sie je gewesen waren. Wie die armen Menschen hassen können, es hat gar keine Grenzen. Ich sage Dir, wir Dänen, wir wissen, Gott sei gelobt, überhaupt nicht, was Haß ist.

Raageleye oder gerade dabei, den 10. Juni 1941

Augenblicklich bin ich am Ausguck und mache es mir bequem ganz vorne im Steven im Schutz der Segel. Es bläst nur ganz schwach, und der Wind kommt von hinten. Die Sonne brennt auf mein Gesicht, und es ist doch über 8 Uhr abends. All meine Lebtage bin ich noch nie auf einer so herrlichen Fahrt gewesen. Wir haben ein paar Makrelenschnüre draußen in der Hoffnung auf einen Fang. Aufrichtig gesagt, das Ganze erinnert stark an eine Lustfahrt, trotz der Kohlenladung an Bord. Alle sind in fröhlicher Stimmung beim Gedanken, bald in einem dänischen Hafen zu sein, nach einer monatelangen Quarantäne in Deutschland.

Wir sind bei einem furchtbaren Wetter mit einem andern Schoner aus Gdynia um die Wette gefahren. Kaum waren wir mit der Nase aus dem Hafen hinausgekommen, war ich bereits bis auf die Haut naß. Seit Samstag nachts 11 Uhr haben wir nur wenig schlafen können, weil wir die ganze Zeit bei den Segeln bereitstehen mußten für den Fall, daß etwas passieren sollte. Es war eine furchtbar harte Arbeit, am Ruder zu stehen, so wie wir schlingerten, aber wenn die Spannung einen gepackt hat, geht alles spielend. Der andere Schoner hatte Gdynia zwei Stunden vor uns verlassen, aber als wir uns Bornholm näherten, lagen wir Seite an Seite mit ihm. Wie strengten wir uns dafür auch an. Er ging nördlich um Bornholm, wir südlich. Dadurch gewann er leider Vorsprung vor uns. Als wir uns Möen näherten, legte sich der Wind teilweise, so daß wir den Motor in Gang setzten. Durch den Öresund war es eine Fahrt auf Leben und Tod.

Entschuldige, ich wurde für eine Stunde unterbrochen, weil ich ans Ruder gerufen wurde. Die Sonne geht eben unter, wenn Du nur eine Vorstellung hättest, wie wunderbar schön es hier ist. Hesselö liegt gerade im Licht der letzten Sonnenstrahlen. Die untergehende Sonne über dem blauen Wasser, all das, wovon andere nur träumen können, das wird einem hier zu freiem Genuß geschenkt.

Ich werde diesen Brief absenden, sobald wir nach Vejle kommen, noch bevor ich etwas von Dir habe lesen können. Ich habe meine Gedanken und Gefühle genau so niedergeschrieben, wie sie gekommen und gegangen sind, und ich bin mir bewußt, daß sicher manches dabei ist, was ich Dir besser nicht hätte schreiben sollen. Aber Du, wir müssen doch einander nehmen, wie wir sind, im Guten und im Bösen, wenn Du so willst. Und ich hoffe auf Deine Nachsicht. Leb wohl, Du Liebes, und möge das Glück mit Dir sein.

Den 11. Juni 1941

Nun sind wir in Vejle angekommen. Ich habe Deine Briefe gelesen, o wenn Du wüßtest, wie das erleichterte, welch tiefes Glück und welche Befreiung ich empfinde. Ich habe gestern allerdings geschrieben, daß ich diesen Brief absenden werde, bevor ich den Deinen gelesen hätte. Aber wie zum Henker sollte ich der Versuchung widerstehen können, als mir, kaum daß ich in den Hafen komme, drei Briefe übergeben werden, nach deren Inhalt ich verlangt und mich gesehnt habe seit dem Tag, an dem wir uns zuletzt gesehen hatten. Hanne, Hanne, könnte ich doch nur in dieser Stunde bei Dir sein.

Du solltest die Freude, die strahlende Freude und all den Jubel spüren, die Deine Worte in meinem Gemüt aufgerührt haben, denn sie zeigen deutlicher, als Tausende von Worten es vermöchten, wie herrlich rein und ehrlich Du bist. Nichts von Heuchelei, keine Spur davon, sich selber etwas einzubilden, nur die nackte Wahrheit. Und die sagt mir tausendmal mehr als alle Liebeserklärungen der Welt.

Leider habe ich Dir noch etwas Trauriges mitzuteilen. Wir sollen hier von Vejle aus direkt nach Finnland fahren, nach Pernavik, und von dort zurück nach Bandholm und Naestved. So bezweifle ich sehr, daß wir uns so bald sehen werden. »Leider« drückt den Schmerz nur sehr unvollkommen aus, den ich empfinde, aber wir müssen das eben hinnehmen, denn so will es unser Schicksal nun einmal.

II

Pernavik, Finnland, den 24. Juni 1941

Liebste Hanne

Wir hatten eine schöne Fahrt hier herauf, und es gäbe eine Menge, worüber ich Dir schreiben könnte, das aber mag ich nicht, weil es hier noch weit wichtigere Dinge gibt. Wir steckten zwei Tage lang in dichtem Nebel, und um ein Haar wären wir in den Grund gefahren worden. Ich dachte daran, wie schrecklich leicht es hätte sein können, daß Du mich losgeworden wärst, aber aufrichtig gesagt empfand ich dabei nichts von dem, was mit Angst oder Nervosität zu tun hat. Ein großes russisches Schiff tauchte plötzlich aus dem Nebel auf, wie wenn es zu einer Tür hereinkäme, die plötzlich geöffnet wurde. Ich war auf dem Ausguck und stürzte davon und warnte. Als ich an meinen Platz zurückkam, war es bereits wieder lautlos in den Nebel hinein verschwunden. Ich kann Dir versichern, es ragte mit seinem mächtigen Rumpf gerade über unsere Köpfe empor, daß man das Gefühl bekam: »Das kann unmöglich gut ausgehn.« Alles war still, wir fuhren nur mit den Segeln, und alle die Laute, die man sonst hört, waren so gedämpft, als ob sie aus weiter Ferne kämen.

Am nächsten Morgen begegneten wir hier in der finnischen Bucht einem Schiff nach dem andern, die allesamt hinausfuhren, so schnell sie nur konnten. Ich glaube nicht, daß es eine Minute gab, in der kein Schiff vorbeifuhr, manches nur halb beladen. Und man konnte an der Art und Weise, wie sie gingen und aufräumten, erkennen, daß sie in aller Hast abgefahren waren. Unser Schiffer geriet in eine tödliche Aufregung, denn es war ihm klargeworden, daß es nun losbrechen würde zwischen den Russen und Finnen. Nach all dem, was wir in Danzig gehört hatten, war das für mich eine Gewißheit. Nun, wir kamen hinein und bekamen den Bescheid, daß, wenn wir hierblieben, das auf eigene Verantwortung geschehe. Wir blieben da und machten uns sofort ans Beladen des Schiffes, und wir arbeiteten ohne Schlaf und ohne Pause, bis es eben losbrechen würde. So ging's einige dreißig Stunden lang, dann konnten wir nicht mehr, und wir schliefen wie Steine über zwölf Stunden lang. Am Montag arbeiteten wir von 4 Uhr morgens an. Bis 9 Uhr abends war ich an der Ankerwinde tätig, glaubte aber, aufrichtig gesagt, nicht, daß ich es so lange aushalten könnte. Sodann in die Koje, um erst kurz vor Mittag wieder aufzuwachen.

Die Finnen begehen heute den Mittsommertag, und wir haben ebenfalls frei, weil wir tatsächlich außerstande wären zu arbeiten.

Nach Abmachung solltest Du in vier Tagen nach Bornholm fliegen. Ich weiß, daß dieser Brief erst lang nachher in Deine Hände kommen wird, aber wie sehr wünschte ich, daß ich Euch davon abraten könnte, denn das ist gefährlich, und ernst wird es auch für Dänemark. Wir werden als Deutsche betrachtet und Bornholm wird exponiert sein, und wer weiß, wie die Möglichkeiten sein werden, von dort wieder wegzukommen. Übrigens kann es ja sein, daß Ihr daheim darüber ebensogut Bescheid wißt.

Wir bleiben nun getarnt an den Klippen liegen, so hoffen wir, daß die Russen uns nicht ins Gesichtsfeld kriegen. Auch die Engländer bombardieren hier in Finnland. Sie sind oben bei Petsamo, darum ist es hier gefährlich. Hier liegt ein dänisches Schiff, es passierte Hangö eine halbe Stunde, bevor es losging, so konnte es nicht mehr umkehren. Es sind viele Deutsche hier, darum hoffen wir, daß sie Hangö bald eingenommen haben werden, so daß wir einen Versuch machen können. Aber der Matrose und der Koch wollen nicht mit, da nur wenig Aussicht sei, lebend durchzukommen, weil die Russen, wie man behauptet, die Schiffe mit Maschinengewehren beschießen. Eine verfluchte Schweinerei, da es so ja nur die Seeleute trifft und nicht das Schiff. Wenn ich könnte, wollte ich als Freiwilliger mit dabei sein, aber dazu müßte ich 19 Jahre alt sein; nach gründlicherem Nachdenken ist mir klargeworden, daß ich ganz und gar auf der Seite der Finnen stehe, wenn es gegen die Russen geht. Die Finnen selbst sind in ernster, aber keineswegs in gedrückter Stimmung. Vergangenen Abend war ich an Land, und ich kann Dir versichern, es ist etwas Ergreifendes, ein ganzes Volk in einer Sache so einig zu sehen. Man fühlt, wie weich und schlapp wir Dänen im Vergleich zu ihnen sind. Hier ist alles rationiert, zum Beispiel kannst du pro Tag nur einen Drittelliter Milch bekommen. Stoffe, Schuhe, Fleisch – alles ist rationiert, und dabei sind die Rationen sehr klein und viele leiden Hunger. Kommt aber ein Finne zu uns herunter, während wir am Essen sind, so sagt er stolz »nein, danke«, wenn wir ihm etwas anbieten, ganz gleichgültig, wie hungrig er ist. Denn Finnland ist ein Land, wo man mit sich selber fertig werden will, wenn man den Dienst nicht erwidern kann. Und wenn schließlich einer etwas annimmt, so geschieht es immer erst, nachdem er sich genau vergewissert hat, daß es nicht von unserer Ration abgeht und daß wir nicht um seinetwillen etwas entbehren müssen.

Wir liegen vertäut an den Klippen, in Leeseite, so daß die Sonne richtig brennt. Ich gehe in Shorts herum, so fange ich an, braun zu werden; wenn es warm wird, springe ich direkt über den Schiffsbord hinaus ins Wasser und schwimme rund um das Schiff herum.

Finnland, den 27. Juni 1941

Liebste Hanne

Ich kann, oder richtiger gesagt, ich darf nicht sehr viel an Dich schreiben und nichts davon, wo wir sind. Wir sind in ständiger Bewegung, um zu entgehen, Du weißt wem. Du darfst mir schreiben, auch wenn Du nichts von mir hörst. Ich habe einen Brief geschrieben, aber ich glaube nicht, daß Du ihn bekommst, da darin vieles steht, das ich hätte verschweigen sollen. Hier ist es »warm«, und es wird noch wärmer werden, aber die Götter mögen mich wieder zu Dir heimkommen lassen. Ich kann den Gedanken nicht ertragen, von Dir abgeschnitten zu sein, und ich weiß nicht, wie ich durch diese Zeit hindurchkommen werde. Du mußt mir den Dienst erweisen, Mutter anzurufen; Du brauchst ihr ja nicht zu sagen, daß es ernst ist, aber daß es Monate dauern kann, vielleicht sogar, bis der Krieg vorbei ist.

Pernavik, den 1. Juli 1941

Du Liebes, dieser Brief ist nicht abgeschickt worden. Hier ist die Hölle los, wir haben die Russen über uns, die zehnmal täglich bombardieren, und jedesmal, wenn es ernst aussieht, müssen wir in den Wald stürzen und hinter Felsen Deckung suchen. Es ist ernst, verflucht ernst, aber nicht ein einziges Mal habe ich Angst vor dem Tod gehabt. Es kann wohl sein, daß Du es bist, die als Gleichgewicht in meinem Dasein wirkt. Und daß das Wissen um Dich mir dieses herrliche Gefühl kühler Ruhe gibt – aber verwünscht ist es, daß man, kaum ins Bett gekommen, wieder auf und hinaus in den Wald muß. Einmal sind wir in einer Nacht viermal hinausgejagt worden, und ich kann Dir versichern, daß wir die saftigsten Flüche, die wir überhaupt finden konnten, gegen die verfluchten Russen schleuderten.

Nun bin ich wieder Wache, und ich sitze auf der Deckladung und schreibe. Es ist herrlich hell die ganze Nacht, und gerade in diesem Augenblick steigt die Sonne aus dem Meer empor.

Vor zehn Minuten sind drei große russische Maschinen über uns gewesen. Sie warfen eine entsetzliche Menge Bomben auf das Sägewerk herunter, das sich gerade auf der andern Seite der Landspitze befindet, hinter der wir liegen. Jedesmal, wenn die Sirenen heulen, muß ich die andern wecken, und augenblicklich finden sich alle auf Deck ein. Dort stehen wir dann und starren nach den Ungeheuern, die langsam und majestätisch über den Himmel dahingleiten. Verändern sie ihren

Kurs, so springen wir flugs in das Boot und verziehen uns aufs Land und zerstreuen uns im Wald, um uns langsam von den Mücken auffressen zu lassen. Ach, wie wir sie hassen, die Satane. Der eine Schiffsjunge, der Matrose und der Koch sind ganz außer sich vor Nervosität. Es ist bald nichts mehr mit ihnen anzufangen, so reizbar sind sie. Ich möchte wissen, was daraus werden soll, wenn wir hier liegen bleiben, bis der Krieg vorbei ist. Du hättest sehen sollen, wie die Finnen gestern abend zwei russische Maschinen über dem Wald herunterschossen. Wir standen allesamt auf Deck und freuten uns. Sonst ist etwas Verruchtes dabei, zusehen zu müssen, wie ein paar solch große Kolosse langsam dahingleiten und ihre Bomben abwerfen, als ob sie sich um die Luftabwehr nicht im geringsten kümmerten. Ich werde von einer ohnmächtigen Wut ergriffen, wenn ich sehe, wie sie über Unschuldige Tod und Verderben ausbreiten, und ich könnte alles darum geben, wenn ich imstande wäre, sie zu bekämpfen. Ich danke meinem Gott und Schöpfer dafür, daß wir es nicht so haben in Dänemark und daß Du nicht der Nervenprobe ausgesetzt wirst, Dich nicht eine Stunde des Tages sicher zu wissen.

Die ganze Zeit – auch während ich geschrieben habe – hört man das ferne Donnern und Dröhnen der Kanonen. Wir liegen dem Feuer nahe, aber durch alle Widerwärtigkeiten hindurch, Wanzen, die daran sind, mich aufzufressen, Mücken, Bomben, Schlaflosigkeit infolge des Alarms, Mangel an Essen, durch alles das hindurch verläßt mich das Wissen um Dich nicht eine Sekunde.

Weil mir etliches ausgegangen ist, unter anderem Schuhe, habe ich mir aus altem Tauwerk ein Paar gemacht, die bis auf weiteres die größte Not von mir fernhalten können.

Gestern nachmittag ging ich auf eine lange Wanderung durch den Wald und bis hinaus zum äußersten Punkt der Landspitze. Dort stand ich lange und beobachtete ein paar russische Maschinen, die gerade Lovisa bombardiert hatten. Als sie außer Sicht waren, warf ich die Kleider von mir und legte sie auf ein Tännchen, das ich vorsichtig ins Wasser hinausschob. Nachher sprang ich selber hinaus und beförderte auf diese Art meine kleinen Habseligkeiten auf eine kleine Felseninsel, die einen Kilometer weit draußen liegt. Dort lag ich dann und döste in der Sonne. Die Felsen waren schön warm, und ich genoß es doppelt nach meiner Schwimmtour. Von hier schwamm ich nachher auf gleiche Art zur nächsten Stelle der Landspitze zurück, zog die Kleider wieder an und wanderte heim. Wie herrlich ist es, so man selber zu sein. Ich genoß es.

Nun ist gerade wieder Fliegerangriff gewesen. Wieviel besser wäre es, entweder aus dem Ganzen herauszukommen, oder dann richtig mit drin zu sein; diese passive Form ist beinah unerträglich. Hanne, wie sehr wünschte ich, Du wärst hier. Dann würde ich all das Schreckliche vergessen, das rund um uns geschieht, und wäre glücklich. Ich würde nur dafür leben, Dich ebenso glücklich zu machen – ich würde es aufgeben, so hoffnungslos darüber zu grübeln, was für einen Sinn das alles hat, was jetzt geschieht. Ich würde den Druck nicht mehr spüren, den der Krieg doch über uns alle legt – so, nun heulen die Sirenen wieder.

Pernavik, den 6. Juli 1941

Bomben, Russen, Maschinengewehrfeuer und Luftabwehr, das wird bald zu unserem Wiegenlied. Gestern abend war ich mit einem Kameraden eine Stunde lang an Land. Als wir mitten auf einer Wiese waren, kamen Russen und bombardierten das Sägewerk, das nur 400 Meter von der Stelle entfernt war, wo wir uns hingeworfen hatten. Um uns regnete es Steine, Bäume und Splitter. Wie sahen meine Kleider aus, bespritzt mit Schlamm und Erde. Man wird davon hitzig, ja sogar wütend, und die Wut verdoppelt sich, weil man sich selber hinwerfen und auf diese vollkommen wahnsinnige Zerstörung hinschauen muß, ohne das geringste zu ihrer Verhinderung tun zu können.

Heute hatte ich Nachtwache, und wir waren wegen der

Russen zweimal an Land. So heute morgen, als ich ins Bett gekommen war und gerade recht fest schlief – ja, es waren kaum zwanzig Minuten, seitdem ich in die Koje gestiegen war – mit einem Satz wieder auf und in aller Hast an Land. Zwei Stunden später lag ich wieder in der Koje, und diesmal wurde mir erlaubt, ganze zwei Stunden lang zu schlafen. Dann wieder auf. Es ist schon lange her, seitdem ich drei Stunden hintereinander habe schlafen können, und nachgerade sehnt man sich wahnsinnig danach, sich wieder einmal mit dem Bewußtsein schlafen legen zu können, in den nächsten acht Stunden nicht gestört zu werden. Die andern arbeiten am Tag fast gar nicht, sondern liegen an Deck und schlafen. Kannst Du Dir einen solchen Angriff vorstellen: Da kommen langsam drei große, ja riesenhafte russische Maschinen und fliegen in mehreren Kilometern Höhe vorüber. Sie fliegen immer so hoch, auch wenn sie bombardieren. Ich habe mir immer vorgestellt, daß sie mit einer wahnsinnigen Geschwindigkeit kommen und nach wenigen Sekunden wieder fort sein würden, aber hast Du nicht auch schon versucht, stillzustehen und nach einer Maschine hinzuschauen, die als winziger Punkt in der Höhe schwebt? Trotz der Höhe kann man die Formen deutlich erkennen, und diese Maschine, sie bewegt sich so langsam, daß man es kaum wahrnehmen kann. Und … verzeih, wir sind gerade wieder an Land gewesen, aber es ist nichts geschehen. Sie flogen über den Wolken. Nun, womit habe ich aufgehört? Ich kann mich nicht erinnern, womit ich fortfahren wollte. Nun, du siehst jene Maschine, die langsam, ganz langsam über den wolkenlosen Himmel hingleitet, wie ein großer, silberglänzender Raubvogel, und ohne jegliche Warnung hörst du plötzlich ein Heulen in der Luft, und einen Bruchteil von einer Sekunde später ein Krachen, und du siehst Erde, Steine, ja vielleicht ein Haus nur wenige hundert Meter von dir entfernt in die Luft fliegen. Und nach dem Krachen hörst du abermals dieses Heulen von Bomben, die schon gefallen sind. Du starrst wieder zu den Tieren dort oben hinauf. Sie gleiten langsam weiter, als ob nichts geschehen wäre. Schaust du nach der Uhr, so kannst du feststellen, daß das Ganze nur zwei Minuten gedauert hat. Fragst du dich selber, bist du bereit zu schwören, daß es mehrere Stunden gedauert habe.

Wir fischen wie verrückt und haben jede Nacht fünfzig Angeln draußen, weil wir nicht mehr viele Lebensmittel haben. Die Rationen der Finnen sind außerordentlich klein. Sie erhalten beispielsweise nur 600 Gramm Fleisch im Monat. Es ist schlecht damit auszukommen.

Guten Morgen – wir schreiben nun Montag, den 7. Juli 1941, 4 Uhr 10. Ich habe gerade die andern geweckt, und sie sind fischen gegangen. Hier ist es prachtvoll. Die Sonne ist aufgegangen und wärmt herrlich. Nun, um fortzufahren, wo ich am Abend stehengeblieben bin: Ich habe eine herrliche Nacht gehabt – Vollmond und nur ein einziger Fliegeralarm. Nachdem gestern abend entwarnt worden war, gingen wir zu viert an Land. Natürlich fanden wir eine ganze Schar junge Damen, an die wir unsere Herzen verloren. Von ihnen war keine über siebzehn Jahre. Die Götter mögen wissen warum, aber sie schienen uns ungemein anziehend zu finden, da sie, milde ausgedrückt, uns mit dem Vorschlag überfielen, mit ihnen »Zwei Mann heraus für eine Witwe« zu spielen. Wie komisch das auch scheinen mag, so unterhielten wir uns dabei herrlich. Die Mädchen waren süß, frisch und lustig, und unglaublich unbefangen, sobald sie ihre erste Befangenheit überwunden hatten. Sie waren alle so hübsch gewachsen, daß man sich nur verwundern konnte – und alle hatten viel Anmut in ihren Bewegungen.

Sie glauben, daß mit mir etwas Besonderes los sei, und einmal übers andere erhalte ich zum großen Verdruß der andern Einladungen zu Ruderpartien, Radausflügen, Waldspaziergängen und vielem andern. Ich gestehe ehrlich, ich will mich nicht besser machen, als ich bin, ich fühle mich stolz wie ein junger Hahn, wie sehr ich auch ankämpfe gegen diese Selbstgefälligkeit. Warum, verstehe ich selbst nicht recht, aber nach einem solchen Vorfall geht all mein Denken gleich zu Dir, Hanne, und fühle ich mich so unbeschreiblich glücklich.

Pernavik, den 7. August 1941

... Gestern erhielt ich ein Paket. Es war vom dänischen Sanitätsdienst hierhergebracht worden und enthielt Briefe, Schokolade, Seife, also das, was ich am allermeisten nötig hatte. Mutter schrieb, daß sie bei der Ambulanz Mangel an Leuten hätten oder bestimmt welche brauchen könnten, und ob ich nicht vom Schiffer die Erlaubnis bekommen könnte, ihnen zu folgen, bis das Schiff wieder führe. Natürlich ist und war es mein brennender Wunsch, hier wegzukommen, aber ich konnte die Erlaubnis nicht erhalten. Der Schiffer antwortete, daß ich ja in dem Falle, daß wir heimgeschickt würden, versuchen könne, ob sie mich dann noch brauchen könnten. Hanne, wirst Du glauben, daß es war, weil ich mich nicht sehnte, wenn ich auf dieses einging? Ich hoffe nicht, daß der Gedanke Dich enttäuschen wird. Wenn man aber sieht, was hier geopfert wird, so müssen auch wir die Bereitschaft aufbringen, unser Beisammensein so lange aufzuschieben, bis die Möglichkeit dazu sich bietet.

Pernavik, den 9. August 1941

Liebe Mutter

In meinem Finger ist die Hölle los. Der Nagel hat sich plötzlich abgelöst, wenn ich auch lange nichts davon gemerkt habe, und der Finger ist deshalb entsetzlich empfindlich und springt beständig auf und blutet. Es will sich auch eine Eiterbeule bilden. Ich glaube, daß die Kost, die uns fehlt, daran schuld ist.

Hab Dank für Deine Briefe, es ist wunderbar und herzerwärmend, ein wenig von daheim zu hören. Ich bin frohgemut und genieße das Dasein auf manche Arten. Aber hier an Bord fangen die meisten an, milde gesagt ein wenig reizbar, um nicht zu sagen zum Bersten nervös zu werden. Das einzige, unter dem ich leide, ist ein brennendes Sehnen danach, heim zu Hanne zu kommen. Ich habe keine Ahnung gehabt, daß Gefühle so stark werden können, und ihre Stärke hat mir das

Gefühl gegeben, ein ganz anderer Mensch geworden zu sein, erwachsener – ich habe über vieles nachzudenken gehabt und gleichsam eine tiefere Bedeutung und Erfüllung meines Lebens erhalten. Das klingt nach großen Worten, wenn man mein Alter bedenkt, aber Du verstehst, was ich meine, nicht wahr, Mutter, Du verstehst meine Gefühle ...

Ich bin sehr froh über das, was Du von Hanne schreibst – froher, als Du selbst verstehst. Hab Dank dafür. Mutter, Du schreibst, daß ich heimkommen und lernen soll, und ich gebe zu, daß ich Lust habe zu lernen, aber mit ganz anderem Ziel, als Du gewiß vermutest. Jedenfalls will ich mit dem Begonnenen fortfahren, denn hier fühle ich mich daheim. Hin und wieder habe ich das Gefühl, daß ich nicht beständig so getrennt von meiner kleinen »Frau« leben möchte, aber im Innern weiß ich ganz gewiß, daß dies der einzig mögliche Lebensweg ist, den ich mir denken kann, und ich glaube, daß wir so viel anderes Glück finden werden, daß es uns für die vielen Entbehrungen vollauf entschädigen wird. Ich kann mir denken, daß Dir scheint, wir seien zu jung, um so bestimmt urteilen zu können, aber ich selber weiß für gewiß, wo mein Glück liegt, und ich glaube, daß auch »sie« es wissen wird, sofern ich mich nicht ins Unglaubliche verändere. Die Zeit, die wir hier gelegen haben, war in mancher Hinsicht gesund für mich und hat mich reifer gemacht. Die tägliche Gefahr, dieses Gefühl, nicht zu wissen, wie lange es noch währt, läßt einen über manches nachdenken und lehrt einen vieles. Ich schlafe als einziger Mann beständig auf Deck trotz Kälte, Sturm und Regen. Ich habe ein kleines Zelt aus einer alten Persenning gemacht, das mich gegen den schlimmsten Wind und Regen schützt, ich habe aber entdeckt, daß nasse Decken warm halten, wenn man sich erst an sie gewöhnt hat. Herrscht Windstille, dann wollen einen die Mücken auffressen, wo immer man sich auch aufhält. Aber denke Dir das Freiheitsgefühl, das man hat, wenn man die Augen öffnet und daliegt und zum Sternenhimmel emporschaut.

Dein Kim

M/S »Johanne«, Pernå bei Lovisa, Finnland,
den 10. August 1941

Liebste Nitte

Soeben las ich in »Wind, Sand und Sterne« von Saint-Exupéry und fühlte mich in dieselbe milde Stimmung versetzt, in die man kommt, wenn man sich draußen im Freien ergeht, wenn die Luft nach einem Regenguß rein und klar geworden ist. Ich las von dem kleinen Dorfteich bei Punta Arenas, der die merkwürdige Eigenschaft hatte, mit Flut und Ebbe zu steigen und zu sinken, daß also in ihm der Puls des Meeres schlug. Plötzlich verließen meine Gedanken das Buch, und ähnlich, wie bei einem Szenenwechsel die Kulissen geändert werden, so befand ich mich im nächsten Augenblick in einer kleinen Stube am Kragevej, und wer sitzt da auf dem Sofa mit hochgezogenen Beinen? Niemand anders als Du, und wir sind gerade dabei, über das Buch zu diskutieren, und Du fandest solch lebendigen Ausdruck zu seinem Lob, wie ich es ähnlich auch empfand. Erinnerst Du Dich daran? Und erinnerst Du Dich, wie wir über den Menschen und seine Zukunft diskutierten? Ich erinnere mich an all das mit besonderer Herzenswärme. Es ist der armselige Ersatz, den man hat, wenn man so weit von Euch entfernt ist, Ersatz für alle die Reichtümer, die man bei seinen Nächsten findet; und doch erwärmt und bewegt es einen stärker, als das in dem Augenblick geschah, wo der Vorfall sich abspielte. Und nun, wie ich gerade mitten in diesen Gedanken war, da öffnete sich des Himmels Schoß, und ich empfing eine Gabe, eine teure Gabe, die mich innerlich froh machte. Die Gabe bestand in nichts Geringerem als wärmsten Grüßen und Worten von Dir. Hab Dank, Nitte, es ergriff mich, daß ich sie gerade in dem Moment erhalten sollte, da Du ohnedies in meinen Gedanken warst, und doppelt ergriffen war ich, als ich sie gelesen hatte. Sei bedankt für die warmen Worte, Du hättest mich gar nicht froher machen können.

Hier ist der Herbst gekommen mit Sturm und Sprühregen, und wir verkriechen uns in Schutz, wie der Bär in sein Winterlager. Es ist einsam, trotzdem wir in der Mehrzahl sind, aber die Gedanken haben Muße, in lichtere Gegenden zu wandern, nach Löndal, nach Dänemark, zu Euch allen daheim. Habt Dank für alles, was Ihr mir seit meiner Geburt gegeben habt, man versteht und fühlt erst jetzt richtig, was es sagen will und was es bedeutet.

Worüber ich mich am allermeisten gefreut habe, war das, was Du über »die Frau für mich« geschrieben hast. Das waren gerade die Worte, die zu hören ich am stärksten ersehnt hatte, und ich wußte ja, daß sie kommen würden; aber sie kamen in einer viel reineren und aufrichtigeren Form, als ich hatte hoffen dürfen – hab Dank.

Schreibe bald wieder, möge es nicht allzu lange gehen, bis wir uns wiedersehen.

Dein Kim

Pernavik, den 10. August 1941

Liebe Hanne

Der Herbst ist gekommen mit seinen Stürmen und Gewittern. Die Wolken türmen sich zu blauschwarzen Massen und wälzen sich über uns hin, alles mit ihrem Naß durchtränkend. Ich schlafe ständig auf Deck, da es hoffnungslos wäre, Schlaf zu suchen in dem Viehstall, zu dem sich meine Koje entwickelt hat. Der Steuermann und ich haben in den letzten Tagen in unserer freien Zeit Fischfang getrieben. Es ist etwas Herrliches, gezwungen zu sein, bei jedem Wetter hinauszugehen und nach seinen Angeln zu sehen.

Vor zwei Tagen kamen zwei kleine Mädchen zwischen 15 und 16 Jahren zu uns herunter. Der Steuermann hatte ihnen erlaubt, an Bord zu kommen und das Schiff zu besichtigen; er und ich waren allein an Bord. Sie blieben bis gegen 4 Uhr und hörten sich unsere Grammophonmusik an. Als sie gehen sollten, fiel es den zwei kleinen Biestern plötzlich ein, wie dunkel es sei und daß so viele verwünschte Russen im Wald seien. (Die Russen werfen immer zahlreicher Soldaten mit Fallschirmen ab, obschon diese beinahe immer sofort getötet werden.) Der Steuermann und ich, wir anerboten uns natürlich, sie heimzubegleiten. Du hättest das kleine Teufelskind mit seinen lichten Haaren sehen sollen, das sich offenbar in mich verguckt hatte. Sie hatte ein kleines Modellschiffchen erwischt, das die Wache in der Nacht geschnitzt hatte. Als wir bereits unterwegs waren, fragte sie plötzlich, ob es mir gehöre. Ich weiß nicht warum, aber Spaßes halber sagte ich »ja«. Sie fragte, ob sie es als Erinnerung an mich behalten dürfe – und ich sagte ja und konnte gleichzeitig das Lachen bei dem Gedanken nicht zurückhalten. Im übrigen war sie sicher sehr enttäuscht von mir. Aber wenn schon, sie bekam doch ein ganzes Schiff. Komisch genug hatte der Steuermann mich »Langer« genannt, so nennt er mich in der Regel, wenn wir allein sind, und das deutete sie sogleich als Familienname von mir. Kim Langer, ach ja, wie mußte ich lachen. Nachdem wir sie bis zu ihrer Haustür gebracht hatten, verschworen wir uns, wenn sich jemals wieder kleine Mädchen bei uns zeigen sollten, daß wir sie zu einem Zeitpunkt zu ihren Müttern heimschicken würden, wo es noch hell wäre. Sie wohnten acht Kilometer von hier entfernt – ganze acht Kilometer, wahrlich, unser Ruf ist weit herumgekommen. Von weither sind die jungen Damen gekommen, um hier bei den Klippen zu baden. Die Ortsansässigen sagen aus, daß das früher nie geschehen sei, aber nun ist es mit all dem Unsinn für dieses Jahr gewiß vorbei. Jedoch hatte er das Resultat, daß der Matrose sich in die Tochter des Postmeisters wenn nicht sterblich, so doch verliebt hat. Möge das Glück mit den beiden sein.

Gestern hat eine finnische Patrouille einen alten Finnen in zwei Teile geschossen, im Glauben, daß es ein Russe sei. Sie schießen ohne Warnung. Der Steuermann und ich wären auch beinahe erschossen worden. Wir waren wie der alte Mann beim Beerenpflücken und ahnten nichts Böses. Die weiße Schirmmütze des Steuermanns rettete uns. Gesegnet sei diese Mütze. Der finnische Wachtmeister, der die Gruppe anführte, meinte: »Denkt euch, wenn ich einen Dänen erschossen hätte!« Er hatte gerade eine Schnur bekommen, weil seine Patrouille so viele Russen erschossen hatte, und es war zu vermuten, daß der Gedanke, degradiert zu werden, ihn stärker quälte als der Gedanke, einen von uns erschossen zu haben. Sie sind hart, die Finnen. Ein Glück, daß ich nicht gegen sie kämpfen muß.

Pernavik, den 12. August 1941

Ich habe heute Heidelbeeren gepflückt und Messerwerfen gespielt. Paul und ich machten uns am Vormittag eine halbe Stunde frei und sprangen ins Wasser. Das Wetter war herrlich und das Wasser nicht so kalt. Heute abend waren der Steuermann und ich draußen, um Angeln zu legen, und als wir etwa eine halbe Stunde gerudert hatten, hüllte uns dichter Nebel ein. Wir legten die Angeln aus und ruderten gegen den Wind in der Hoffnung, daß er sich nicht geändert habe. Als wir ans Land kamen, gingen wir in ein Haus, um zu fragen, wo wir uns befänden – oder richtiger, in welcher Richtung wir der Küste folgen müßten, um zurückzukommen. Es war nun gehörig kalt, wenn man aber ruderte, konnte man es aushalten. Als wir an Bord gekommen waren, machte ich mir ein Dutzend Schlingen zurecht, die ich morgen auslegen will.

Pernavik, den 15. August 1941

Gerade wenn man sitzt und den wunderbaren Sonnenaufgang genießt und sich so fern fühlt von den Menschen und ihrem Wahnsinn, als ob man sich auf einem anderen Himmelskörper befände, dann kommt dieses häßliche anschwellende und fallende Geheul.

Gestern vormittag arbeiteten wir wirklich wie die Wilden, alle Segel aufzuziehen, damit sie trocknen konnten, und hernach, sie wieder einzuziehen und in die Segelkoje zu legen. Es war herrlich, aber wie ist man schlapp geworden. Im Grunde glaube ich nicht, daß man schwächer geworden ist – im Gegenteil, das viele Schwimmen hat sehr gekräftigt, aber wir merken es recht, wie sehr uns die harte, tägliche Arbeit fehlt, die uns die Ausdauer gibt.

Am Nachmittag legten wir meine Schlingen aus. Leider war nichts darin, als ich am Abend nach ihnen sah, aber ein paar hatten sich geschlossen, und etwas Mist lag da – ich glaube, sie sind aus zu starkem Stahldraht hergestellt. Genug, mein liebes Mädel, ich muß für diesmal Schluß machen.

Pernavik, den 20. August 1941

Heute sind es zwei Monate, daß wir hier liegen, die zwei besten des Jahres, und dennoch war es schwer, hindurchzukommen, und noch vier Monate sollen wir hier liegen bleiben. Das wird nicht auszuhalten sein. Heute sah ich zum erstenmal ein anderes Schiff. Es kam gleich nach Mittag mit vollen Segeln und Motor im Vollbetrieb und ankerte gerade uns zur Seite. Es liegt und fährt hier innerhalb der Schären. Von ihm kam ein Mann an Bord und erzählte, daß sie kein Petrol mehr hätten und daß er nach einem Schlepper telephonieren müsse. Dann leuchtete es in seinem Gesicht auf, und er tat, als ob ihm die Idee plötzlich gekommen wäre, daß er vielleicht von uns welches kaufen könne. Wir sagten nein, worauf er zurückruderte, den Motor in Gang setzte und davondampfte. Verblüffend, wie rasch er über seinen Mangel an Petrol hinweggekommen war. Aber natürlich, ihm kommt es zugute. Sie sind ja unbefangen, die Finnen.

Es kommt andauernd nichts in meine Schlingen, aber der Schaden ist nicht so groß, weil ich alle Freuden der Jagd genieße und viel Vergnügen daran finde, das Tierleben und die Natur zu erforschen.

Heute nachmittag waren drei russische Maschinen über uns – die Wolken lagen ganz niedrig, und sie flogen unter ihnen, gerade wie die Deutschen es am 9. April gemacht hatten. Es gab gewiß keinen unter uns, der nicht überzeugt gewesen wäre, daß es nun ernst sei. Wir konnten die Maschinengewehre erkennen, und sie kamen so rasch über uns, daß wir sie erst entdeckten, als es zu spät war, an Land zu gehen. Wir suchten Deckung, wo wir sie finden konnten – du hättest uns sehen sollen, als wir auftauchten, einer nach dem andern, wie Präriehunde, die aus ihren Löchern emportauchen, um sich umzuschauen, ob die Gefahr vorüber ist.

Die andern sind in Lovisa gewesen und haben eine ganze Menge erlebt und sind so voller Neuigkeiten, daß es sie fast zersprengt. Es gab einen Bombenangriff, als sie in einem Kaffeehaus saßen. Wir empfingen sie mit einer Spannung und einem Interesse, als ob sie im Ausland gewesen wären. Sie erzählten, daß es dort grauenhaft aussehe – fast keine ganze Fensterscheibe in der Stadt, statt dessen Bretter oder Pappe davorgenagelt. Düster war es überall in den Häusern, weil sie ja auf jede denkbare Weise sparen müssen. Sich vorzustellen, daß freie, selbständige Menschen so gestellt sind, daß sie in Höhlen leben müssen!

Sie hatten beim Friseur das *Signal** gelesen und darin eine lange Propagandaserie mit Bildern von Dänen aus Kopenhagen gesehen, die nach Deutschland zogen, »um beim Aufrichten des neuen Europa mit dabeizusein«. Wir waren uns einig, daß eine baldige Revolution nach mexikanischem Vorbild bei uns daheim schon nötig wäre.

So, jetzt verschwinde ich auf leichten Sohlen in die Koje. Good night.

M/S »Johanne«, Pernå bei Lovisa, den 27. August 1941

Liebe Mutter

Du schreibst, ich hätte so vieles, worüber ich froh und glücklich sein könne, so daß ich keinen Grund hätte, niedergedrückt zu sein. Du hast recht, Mutter, aber versuche Dir vorzustellen, daß Du sie gekannt hättest – ja, das ist so, als ob

* In Berlin erscheinende propagandistische Auslandszeitschrift

es mein ganzes Leben lang in meinem Bewußtsein gelegen hätte – daß Du Hanne sage und schreibe ganze sieben Tage gekannt hättest, um dann ganze sieben Monate von ihr getrennt zu sein. Das ist schlimm, besonders wenn man keine Arbeit hat, aber es ist mir nicht verleidet, und ich bin nicht schlechter Laune, nur schrecklich ungeduldig, geradezu wild, manchmal so sehr, daß ich fühle, ich müsse eine Erlösung haben.

Du fragst, wie es zugegangen sei, daß ich den Nagel verloren habe. Die Götter mögen es wissen. Plötzlich fiel er ab – es war also der, den ich am ersten Tag eingeklemmt hatte, als ich an Bord war. Jetzt ist er glücklicherweise im Zuheilen begriffen. Eiterbeulen: deren habe ich drei gehabt – zwei gerade beim Gürtel und eine am Bein. Die zwei auf dem Rücken waren nicht so schlimm, aber die am Bein war groß und tat weh bis hinauf in die Leistengegend – merkwürdigerweise kam nichts aus ihr heraus, selbst als ich sie aufschnitt, ganz still verschwand sie nach und nach von selbst. Ich fühlte mich ein wenig matt, solange sie da waren, aber nun ist ja alles vorbei.

Ich bin froh gewesen über das, was Du von Hanne und mir geschrieben hast, weil das die wichtigste Frage für mich jetzt ist. Ich hätte Dich gut verstanden, wenn Du es am Anfang als geringfügiger betrachtet hättest, als es war. Mutter, Du sollst lernen, meine zukünftige kleine Frau so liebzugewinnen wie Ruth. Ich möchte wünschen, daß sie im Kreise der Familie so frei und natürlich aufgenommen wird und sich bewegen kann, wie wenn es Ruth oder ich selbst wäre. Ich sehe wohl ein, daß das viel verlangt ist, aber Du verstehst mich, nicht wahr? Ich habe nichts dagegen, daß Du frei und natürlich von ihr erzählst, nur darf es nicht »Geschwätz« sein. Am liebsten wäre es mir, daß unsere Nächsten sie »kennen«, daß sie nicht als eine Fremde zwischen ihnen steht, wenn ich heimkomme. Sie ist das natürlichste junge Mädchen, das Du finden kannst, und darum soll man ihr auch frei und natürlich begegnen. Wie stellte sich Ruth zu ihr? Hier gibt es nun richtig etwas für sie, womit sie Dich necken kann, die Du immer gesagt hast, daß wir warten sollten, bis wir älter seien. Kannst Du Dich erinnern, daß ich mehr als einmal gesagt habe, und gerade noch, bevor ich Hanne begegnete, daß ich gerne heiraten möchte, und zwar je eher, desto lieber? Ein launenhaftes Spiel des Schicksals, daß das so rasch gehen sollte. Mutter, es mag Dir genügen, daß ich sagen kann, ich sei so glücklich, wie ein Mensch nur sein kann.

Dein Kim

Pernavik, den 28. August 1941

Liebe Hanne
Heute nacht habe ich unten geschlafen. Es ist zum Wahnsinnigwerden mit diesen Wanzen – die ganze Zeit kann man sie spüren, wie sie überall in der Koje herumkribbeln. Hat man sich aber einmal an sie gewöhnen können, so wird es wohl auch wieder gehen.

Sonst hat es den größten Teil des Tages geregnet, und wir haben die Zeit mit Schachspielen vertrieben. Wir sind in letzter Zeit leidenschaftliche Schachspieler geworden. Die Zeit vergeht nun so gut mit dieser Beschäftigung, und ich glaube, sie ist eine gute Hirngymnastik. Der Steuermann kam herunter und meinte, jetzt müßten wir doch überanstrengt sein. »Ja, hier«, antwortete der Matrose – und klopfte sich auf den Hintern. Darob wilder Jubel, dazu braucht es bei uns nicht viel.

Den 29. August 1941

Nun sollen wir Rettungswesten bekommen und die ganze Zeit eine auf uns tragen, bis das Schlimmste überstanden ist. Der Schiffer ist an Land gewesen und hat beim Makler erfahren, daß wir innerhalb vierzehn Tagen abreisebereit sein sollten. Ich habe ein Gefühl, als ob ich meine Entlassung aus dem Gefängnis erhalten hätte. Wir sollen Proviant und warme Kleider auf dem Rettungsfloß und Großboot haben. Es ist unglaublich viel, was wir in den kommenden Tagen erledigt haben sollen, aber ich weiß, daß mir die Arbeit wie ein Spiel von der Hand gehen wird, weil ich mit jeder Sekunde mich Richtung Heimat arbeite zu meiner kleinen Frau. Hoffentlich geht nun alles gut und entdecken uns die Russen nicht.

Auf Wiedersehen, Du Liebes, nun stehe ich bald auf der Türschwelle.

Pernavik, den 30. August 1941

Eines Abends standen wir da und warteten auf den Autobus. Der erste, den ich zu Gesicht bekam, traf mit vollem Getöse ein, schwenkte um die letzte Biegung und bremste. Die Leute stehen bereit hinauszuspringen, da es rasch gehen soll. Der Wagen ist verdunkelt, so sieht man beinahe nichts Helles. Bevor er noch hält, springt die Tür auf, und ein reizendes junges Mädchen in Uniform springt herunter. Man erhält gerade einen Blick ins Innere des Wagens und sieht da viele verschiedene Gesichter – abgehärtete Soldaten, eine Frau mit einem Kind auf den Armen, und alle mit jenem etwas stumpfen, fernen Ausdruck, der nun einmal Reisenden eigen ist. Ich erinnere mich besonders eines jungen Burschen – er sah nicht älter aus als siebzehnjährig – mit großen Stiefeln, in Uniform mit dem beständig scharfgeladenen Gewehr zwischen den Knien. Das war es nun nicht, was einen solchen Eindruck auf mich machte, sondern ein tiefer, keuchender Husten. Ich sah ihn nur die paar Sekunden, da der Wagen hielt, aber trotzdem, der Husten, sein Ausdruck, sie nahmen mich so seltsam gefangen. Dieser Blick in ein Menschenschicksal. Dann erlosch das Licht, indem der Wagen sich gleichzeitig in Bewegung setzte. Das letzte, was man sah, war das junge Mädchen, als es auf dem Trittbrett stand und auf uns zurückschaute. Dann verschwand auch es, während der Wagen mit einem letzten Geknatter des Auspuffrohrs um die Ecke bog. Im gleichen Augenblick, wo er hinter den Klippen verschwindet, ist es, als ob man erwache, als ob man plötzlich in den Moment zurückversetzt werde, bevor der Autobus ankam. Alles ist unverändert – von weither hört man eine Kuhschelle, in einem der Häuser hört man ein Kind weinen, alles ist still und friedlich, und inzwischen rattert eine kleine Sammlung Menschenschicksale hinaus über die Landstraße, ohne daß ich mehr von ihr habe wahrnehmen können als einen keuchenden Husten. Ich fühlte eine seltsame Stille in meiner Seele.

Pernavik, den 31. August 1941

Heute abend hat es richtig in Strömen gegossen – ich setzte den Schmied und Paul hinüber nach Pernå. Dann saß ich am Steuer und segelte heim. Ich hatte bloße Beine, bis über die Knie hochgekrempelte Hosen, Öljacke und Südwester. Ganz still saß ich da, die Knie ans Kinn gepreßt. Es war nahezu windstill. Die See war ruhig, wie sie immer ist, wenn es derart regnet. Ich saß still und horchte auf das Wasser, auf den Regen. Wie beruhigend ist das – welch harmonischer Frieden liegt doch über dem Regenwetter. Ich träumte, und natürlich waren meine Gedanken nicht bei Dir, sondern Du warst bei mir. Ich träumte, Du wärst mit im Boot. Hast Du jemals einen Wassertropfen, oder besser einen Regentropfen, der aufs Wasser fällt, beobachtet? Ich saß mit Deiner nassen Hand in der meinen und fühlte mich so glücklich und froh. Am liebsten möchte ich mit Dir eine Fahrt hinaus aufs offene Meer machen, damit Du den Geruch des Meeres kennenlernen, damit Du fühlen könntest, wie der »Staub« einer Sturzsee einem eine sanfte und kühlende Hand aufs Antlitz legen kann.

Gestern war ich in Borgå. Dort sah man viele schwer betrunkene Soldaten von der Hangö-Front, und alle sprachen sie nur davon, wie gefährlich es sei, und daß nur wenige lebend von dort zurückkehrten, und daß man beim Angriff gut aufpassen müsse und nur langsam vorrücken dürfe, und so ins Unendliche. Auf dem Marktplatz versuchten drei angeheiterte Soldaten, einen total betrunkenen Kameraden in einen nach Helsingfors fahrenden Autobus hineinzubefördern. Aber die im Wagen Sitzenden pufften ihn jeweils ebenso rasch wieder hinaus. Die Kameraden schimpften und schrien laut, daß, wenn sie zur Front sollten, die Leute willig genug seien, sie vorwärtszuschieben, aber hinter der Front!

Im ganzen konnte man gut spüren, wie der Krieg ihnen bereits seinen Stempel aufgedrückt hat. Mit jedem Tag, der vergeht, wird einem bewußter, daß die Menschen die wahnwitzigsten Geschöpfe sind, die existieren. Sie haben soviel Verstand, um einzusehen, daß das, was sie jetzt tun, Wahnsinn ist, und trotzdem verharren sie dabei, so töricht, so blödsinnig.

Auf der Hin- und Rückfahrt wurde das Auto von Patrouillen gestellt. Jens und mir war es nicht gelungen, Passierscheine zu bekommen, wir kamen aber mit unseren dänischen Pässen durch. Jedesmal wurde dabei gefragt, ob wir Freiwillige wären, und man konnte geradezu in ihren Gesichtern lesen, daß sie über uns ein wenig enttäuscht waren, wenn wir es verneinten.

Ich habe mir fest vorgenommen, das Fluchen sein zu lassen. Ich bin darin schlimm geworden. Den Vorsatz durchzuführen ist schwer genug, wenn alle andern hier fluchen, daß die Wände krachen. Im Grunde tue ich das nicht, weil es mich geniert, sondern eher, weil mir vorkommt, daß es eine Art Schlaffheit und Mangel an Kultur ist, wenn ich mich so von meiner Umgebung beeinflussen lasse.

Pernavik, den 1. September 1941

Hier herrscht frohes Leben, alle sind in fröhlicher Stimmung beim Gedanken, wieder auf die See zu kommen, und weil wir nun plötzlich eine Menge zu schaffen haben.

Denke Dir, in einem Monat ist man vielleicht wieder draußen in der weiten Welt. Meine Arbeit besteht für den Augenblick darin, außen um das Steuerradgehäuse Planken zu legen gegen Maschinengewehrbeschuß und das Rettungsfloß und das Großboot klarzumachen. Wir bekommen gerade die Rettungswesten, die wir beständig tragen sollen, aber ehrlich gesagt, glaube ich doch, daß es gutgehen wird.

Den 24. September 1941

Wir lichteten die Anker gegen 10 Uhr, fuhren hinüber und legten bei der Kohlenbrücke an. Wir haben eine elektrische Leitung einrichten können, so haben wir nun Licht. Es ist schön, plötzlich wieder sehen zu können. Am Montag waren der Maschinist und ich mit dem Rad von Johannes in Lovisa. Auf dem Heimweg gelang es mir, viermal eine Reifenpanne zu bekommen. Es war eine unbeschreiblich schöne Landschaft, durch die wir fuhren. Du hättest mit sein sollen. Eine Anhöhe hinauf und steil wieder herunter, und die ganze Zeit jähe Kehren rund um die Klippenvorsprünge, und jedesmal taucht dabei etwas Neues und Spannendes auf – also gerade etwas für Dich. Der Maschinist bekam einen schmucken kleinen Revolver, den ich ihm später abkaufen werde. Wir waren gestern draußen, um ihn auszuprobieren. Er war gerade, wie er sein sollte – ein schmuckes kleines Spielzeug.

Den 28. September 1941

Heute nachmittag habe ich Kleider gewaschen wie noch nie zuvor, und wir haben eine Horde Kinder aus der Umgegend hier gehabt – teils als Zuschauer von der Brücke aus und teils an Bord. Den Geburtstag des Königs feierten wir durch das Aufziehen sämtlicher Flaggen. Es sah prachtvoll aus gegen die Felsen, den Wald und das Wasser, und als Rahmen um das Ganze ein hoher, klarer, reiner, blauer Himmel.

Pernå bei Lovisa, den 16. Oktober 1941

Liebe Mutter

Wir haben bereits Schnee, so sind vielerorts die Ski zum Vorschein gekommen, und wir haben Frost, daß es beißt.

Du batest mich, ein wenig von den Kameraden zu erzählen. Im Grunde ist das etwas schwierig. 1) Der Matrose, Jens Rasmussen, ist recht begabt, ungemein ruhig und zuverlässig, nicht aus dem Gleichgewicht zu bringen; in mancher

Richtung hat er genau den gleichen Geschmack und die gleiche Lebensweise wie ich selbst. 2) Der Maschinist, Johannes Nielsen, ist ein kleiner, dicklicher Nörgler, voll Humor und Radau, muß aber allzeit Unsinn machen, im Grunde ist er die Gutmütigkeit selbst. Er hat keine Schulbildung, spricht aber keck über alles mit. 3) Der Schiffsjunge, Olaf Pedersen, ein Bursche von 18 Jahren, aber man würde glauben, daß er 15jährig wäre, so unentwickelt ist er körperlich wie geistig. Er ist von seiner Mutter zusammen mit drei Schwestern erzogen worden, und sie hat ihn genau gleich behandelt wie jene, und dazu war er das jüngste Kind – vielleicht aber wird aus ihm einmal, wenn ihm erst eine Menge verschrobene, weibische Einstellungen ausgetrieben sind, noch ein Mannskerl werden. 4) Paul Theillade, aus Turin, der geborene Seemann, so zuverlässig und ehrlich, daß er sich schlecht vorstellen kann, daß die andern anders sind, aber so bestimmt, daß man ganz unwillkürlich den größten Respekt vor ihm hat, der beste Kamerad, den man sich wünschen kann, und mit ausgesprochenem Sinn für Humor. Was ihn am stärksten charakterisiert, ist die Hilfsbereitschaft, die ihm eigen ist, wenn es sich darum handelt, andern einen Dienst zu erweisen. Er und ich sind auf der Wache beisammen, und wir haben es ungeheuer gemütlich.

Dein Kim

Pernavik, den 30. Oktober 1941

Liebe Hanne

Wir hatten uns alle in die Kojen zurückgezogen und das Licht gelöscht. Ich hatte mit Paul eine kleine, geschwinde Rauferei gehabt, und als es wieder ruhig geworden war, kam einer mit einer Taschenlampe hereingeschlichen – es war der Schmied. Er kam, um uns mitzuteilen, daß ein Telegramm gekommen war: »Folgt der Vaering nach.« Es dauerte lange, bis es nach dieser Mitteilung ruhig wurde. Am nächsten Morgen wurden wir um 6 Uhr geweckt, und wir arbeiteten den ganzen Tag, um zwei Klafter Brennholz, Wasser, Proviant etc. an Bord zu schaffen.

Helsingfors, den 1. November 1941

Wir fuhren gegen 8 Uhr weg. Wir haben eine einzige Mine gesehen, aber das Wetter war so klar, daß die Gefahr nicht groß war, auf eine aufzulaufen. Nun liegen wir vertäut draußen bei der »Vaering« und hinter der »Clytia«.

Als wir hierher nach Helsingfors kamen, gingen wir gleich nach dem Kaffee in eine finnische Badestube, um ein wenig gewaschen zu werden. Wir kamen zunächst in einen Raum, wo wir von einigen alten Frauen gewaschen wurden, dann ins Brausebad und nachher in ein richtiges Dampfbad. Man gab uns eine Rute, damit wir selber uns mit ihr schlagen konnten. Im Raum befand sich ein großer Ofen mit ein paar mächtigen Steinen darauf, auf die man selber Wasser zum Verdunsten schütten konnte. Nachher fühlten wir uns ganz matt.

M/S »Johanne«, Schiffsmakler Nielsen & Thordén,
Fabiansgatan 6, Helsingfors, den 10. Nov. 1941

Lieber Großvater

Hab Dank für Deinen Brief, dem ich seit langem entgegengesehen habe als einer kleinen Botschaft, einem Gruß von Paula und von Dir. Dank dafür, lieber Großvater.

Du fragst zunächst danach, was wir in der Zeit getan haben, wo wir hier lagen. Vor allen Dingen hat sich das eine und andere ereignet, wovon Ihr in den Zeitungen nichts erfahren habt, aber das muß hier gewissermaßen untergeordnet werden, weil ich doch nicht davon schreiben darf – verzeih, aber Du fragtest selbst.

Als wir hier ankamen, waren wir das einzige Schiff in der Bucht, alle andern hatten sich am gleichen Morgen davongemacht, mit halber oder ganzer Ladung, wie sie gerade dran waren. Unser Schiffer hatte keine Anweisung vom Reeder bekommen, nach der er sich hätte richten können. Wir fingen zu laden an, um doch womöglich dies fertigzubringen. Zwei Tage lang luden wir Tag und Nacht, wie man das hier oben in den Sommermonaten kann. Ich war an der Ankerwinde und unterbrach in den zwei Tagen meine Arbeit nur, um zu essen und für 4 Stunden Schlaf, es war herrlich, besonders nachher.

Am Sonntag, als wir mit Volldampf an der Arbeit waren, kam der Krieg zu uns; doch darüber, wenn ich heimkomme. Zwei Stunden später kam ein dänischer Dampfer herein, der Hangö eine halbe Stunde vor Kriegsausbruch passiert hatte, und an dessen Seite wir jetzt, wie in Pernå, liegen. Wir stellten die Arbeit ein und zogen das Schiff ganz in die Klippen hinein, so daß die Wälder uns Deckung boten. Dann erhielten wir frei, um nach den Strapazen eine Weile auszuruhen. Am nächsten Tag wurde der Rest der Ladung an Bord gebracht; hernach haben wir die Masten abgekratzt, das Schiff getarnt, Malerarbeit gemacht, gezimmert, Brennholz geholt im Wald und es klein gesägt. Daneben haben wir dem Fischfang obgelegen, so hat es immer etwas zu tun gegeben ...

Dann kam die kältere Zeit, wo viel Brennholz aus dem Wald geholt werden mußte, dann Schnee und Eis, und plötzlich kam eines Tages der Befehl: »Fahrt nach Helsingfors.« Vier Tage nach unserer Ankunft war die Bucht zugefroren. Das kommt rasch, wenn es kommt. Hier herauf hatten wir eine schöne Fahrt mit herrlichem, kaltem und klarem Wetter, so war die Minengefahr nicht so groß, wir sahen nur eine Mine.

Du fragst, ob man meine, daß die ganze Besatzung hier überwintern soll, keiner weiß das. Es ist nun einmal mit diesen Reedereien so, daß in diesen Zeiten nicht einmal der Schiffer Bescheid weiß, bevor er seine Instruktionen empfangen hat. Den einen Tag meint er so, den andern anders. Man erzählt sich, die Versicherung verlange, daß volle Besatzung sein müsse, um das Schiff auf jede Weise zu sichern, aber etwas Sicheres weiß niemand. Oder es sollen zwei Mann hierbleiben, unter ihnen der Steuermann.

Wir befinden uns jetzt ungefähr im Zentrum von Helsingfors, so kann ich Dir versichern, daß wir es nicht mehr so ungestört haben wie damals, als wir in Pernå lagen.

Ich habe soeben einen langen und lieben Brief von Nitte

bekommen, worin sie wunderbar süß ist. Im nächsten Brief mußt Du erzählen, wie Du selbst dich befindest. Ich hoffe, daß sich Paula und Du des besten Wohlergehens erfreuen können.

Die liebevollsten Grüße
Euer Kim

M/S »Johanne«, Schiffsmakler Nielsen & Thordén,
Fabiansgatan 6, Helsingfors, den 10. Nov. 1941

Liebe Nitte
Soeben habe ich Deinen Brief erhalten, und gleichzeitig wurde mir mitgeteilt, daß ich heute morgen das Buch beim Makler holen könne. Hab Dank, Du weißt nicht, wie froh es mich machte, wieder von Dir zu hören.

Ich habe in der letzten Zeit darüber nachgedacht, wie schwachsinnig die Menschen sind. Ich habe junge Mädchen und Burschen mit den Händen im Schoß und mit einem Ausdruck, als ob sie alle Hoffnung verloren hätten, sagen hören: »Wie soll man aber das Glück finden? Kann man glücklich werden, wenn man nicht seine große Liebe findet?« Ich frage mich selbst: »Wo findet man das Glück in dieser Welt, wenn nicht im eigenen Innern?« Der Gedanke ergriff mich zum erstenmal in seiner ganzen Folgerichtigkeit, als ich eines Morgens die Sonne aufgehen sah. Zuerst schien es mir, daß ich gar nicht imstande sei, das ganze schöne Bild aufzunehmen, und ganz natürlich führte das dazu, mich selber nach dem Grund zu fragen, und ich kam zum Resultat, daß Schlaffheit und Stumpfheit der Sinne schuld sind, daß ich tausendmal an etwas Schönem vorbeigehe, einem Gedanken, einem Tier oder einem Menschen, ohne das Glück gewahr zu werden, das auch hier sich mir bietet. Wie sollte ich verlangen können, gerade bei diesem Sonnenaufgang ein vollkommenes Glück zu empfinden, wenn ich doch tausendmal an viel Schönem vorbeigehe, ohne ihm einen Gedanken zu opfern. Hat es nicht den Sinn, daß wir so intensiv und wach wie möglich leben sollen? An jenem Morgen wußte ich, daß ich plötzlich reicher und vielleicht auch ein wenig klüger geworden war.

Das gleiche habe ich in meinem Verhältnis zu Hanne empfunden, und ich weiß, daß ich ihr für jenen Sonnenaufgang zu danken habe.

Die Gedanken, wie sie kommen und gehen, sind nicht das Ergebnis eines Bedürfnisses, mich selber ernst zu nehmen, sondern eine tiefe Macht, so stark wie der Selbsterhaltungstrieb, treibt sie hervor, es ist gleichsam ein Suchen ohne ein bewußtes Ziel, ein Hunger, der sich nicht erklären läßt, ich glaube, es ist eine Sehnsucht nach den Wahrheiten hier im Leben.

Dein Kim

Helsingfors, den 10. November 1941

Liebe Hanne

Gegen zwei Uhr kam heute nacht eine Frau heruntergeschlichen – sie wollte ein kleines »Geschäft« machen. Wir sagten, daß sie in der Kabuse schlafen könne, wenn sie keinen andern Ort habe, wo sie sein könne. Darauf schlich sie wieder weg. Ich lag da und grübelte darüber nach, was für einen Sinn es hat, daß es Tausende gibt, die ein Leben führen wie diese Frau – warum? Und wie ein großes Geschenk wurde langsam der Gedanke in mir lebendig, daß die Natur reich und verschwenderisch ist. Wie viele Millionen kleine Feldblumen müssen nicht Jahr für Jahr verwelken. Das ist der Lauf des Lebens. Ich verstand, wie wenig ich die reichen Gaben geschätzt habe, die wir vor so vielen voraus haben. Plötzlich stand mir diese Frau auf eine naive und kindliche Weise nahe, denn war es nicht auch ein Geschenk, was diese Frau gab, und mit was für Reichtümern kann sich nicht auch ein Armer so herumtreiben. Liegt nicht etwas Großartiges und Erhabenes darin, daß sie ihren Reichtum als eine solche Selbstverständlichkeit nahm, daß sie ihn nicht einmal kannte? So also stand es um sie – sie kannte nicht einmal ihre eigene Größe.

Nun kann ich Dich gerade vor mir sehen – Du lächelst, ja beinahe lachst Du und denkst: Und gerade er schrieb einmal über das Sich-selbst-feierlich-Nehmen. Nein, das darfst Du nicht, denn so verrätst Du, daß Du das nicht richtig verstehst. Wenn wir albern sind, fallen wir in Versuchung zu sagen, daß wir sonst feierlich seien – aber ist man feierlich, wenn man das eine oder andere stark empfindet, weil etwas vom Grund unserer Seele an die Oberfläche kommen will? Ich fühle heute abend meine Liebe zu Dir so tief und stark, daß ich fast nicht richtig an sie denken »darf«. Es verhält sich damit vielleicht ähnlich wie beim Denken an das große Wiedersehen – bin ich feierlich – vielleicht.

M/S »Johanne«,
Fabiansgatan 6, Helsingfors, den 25. Nov. 1941

Liebe Nitte
Heute habe ich zwei Briefe erhalten, und sie waren beide von Dir. Lustig genug habt ihr beide, Du und Hanne, genau dasselbe Thema angeschlagen, daß mein Gemüt plötzlich angefangen hat, in heftige Gärung zu geraten. Aber obschon Ihr es seid – kann ich Euch nicht beistimmen. Versuche, ob Du mich verstehen kannst. Die starke Gärung, die ich fühle, hat einen ganz andern Grund und hängt infolge ihrer Natur ungemein stark mit Hanne zusammen. Zuerst waren es meine Verliebtheit und alle die neuen Gefühle, die aus ihr erwuchsen. Und dann war es die plötzliche Entdeckung, daß man ein wenig von seinen tiefsten Gefühlen ans Licht des Tages emporziehen kann, und nicht nur dieses, sondern daß gerade das diese Gefühle kräftigt und klarer macht.

Auf »Stenhus« sagten sie, daß ich die Zeit verträume, aber was sind Träume? Oft habe ich halbe Nächte daliegen können und über das eine oder andere grübeln müssen, das meinen Geist beschäftigte. In den Schulstunden konnte der eine oder andere Gedanke mich überfallen, und ich blieb fern. Sie schalten mich, ich aber verkroch mich in vollkommener

Gleichgültigkeit in mich selbst. Sie behaupteten, daß ich hochmütig, faul, ein Träumer und noch manches andere sei. Ich aber überhörte das beständig. Gab es doch etwas viel Wichtigeres, das sich hervorzudrängen suchte. Gesetze und Gedanken, die für mich einen unendlich viel größeren Wert haben als alle Schulweisheit der Welt, selbst wenn ich zugebe, daß ich vielleicht nicht so früh zu diesen Gedanken gekommen wäre ohne Kenntnisse und Wegleitung durch Bücher.

Verstehst Du nun meine übermächtige Freude, im Alter von 18 Jahren das als Wahrheit für mich zu erkennen, was ich damals instinktiv als Gewißheit empfand? Und daß damals nicht alles nur Spiel war? Ich verstehe gut, daß Dir, Hanne und Mutter vorkommen mag, daß ich mich verändert habe, ja Du, vielleicht in der Ausdrucks- und Lebensweise, aber keineswegs in der Sinnesart. Ich fühle mich selber so unverändert, wie ich früher immer gewesen bin, so weit zurück, als ich mich überhaupt erinnern kann, sogar die letzte Zeit in Kanada. Eines habe ich freilich erst seither begriffen, aber ich glaube, es war mein Glück, daß ich erst heute verstehe, welch ungeheuren Wert Bücher für mich haben. Damals wollte ich lieber alles selber finden als es bei andern suchen. Nun will ich keineswegs behaupten, daß die Bücher, die ich bekommen habe, Wunder gewirkt hätten, aber hier an Bord haben sie doch die Auffassung der Kameraden für vieles sehr verändert und sie reicher und noch besser gemacht. Sie können das selber einsehen, und sie sind beinahe ebenso gespannt auf neu eintreffende Bücher wie ich selbst.

Nun fehlt mir die Zeit für mehr. Lebe wohl und sei bedankt.

Dein Dir zugetaner Kim

Helsingfors, den 28. November 1941

Liebe Hanne

In der letzten Zeit habe ich viel über Religionsfragen nachgedacht, ohne etwas darüber an Dich zu schreiben, weil ich noch nicht richtig im klaren war, wie ich es angreifen sollte.

Da waren einmal die Tage, wo die Menschen an Odin und Thor glaubten – und sie haben mit genau der gleichen starken Überzeugung und Gewißheit an sie geglaubt wie irgendein Priester an das Christentum. Dann entwickelten sich die Menschen stärker, sie wurden verständiger, und nach einem Grundgesetz der Natur mußten ihre Religion, ihr Glaube Schritt halten mit dieser Entwicklung. Mit der Zeit wird man einmal über das Christentum, wie es heute ausgebildet ist, ebenso denken – wie wir heute über die Götter unserer Vorfahren urteilen. Mehrmals hat der Gedanke mich überfallen, daß alle Religion Ausdruck einer gewissen Feigheit der Menschen sei – einer vollkommen unbewußten Feigheit. Du hast vielleicht wahrgenommen, daß das einzige, vor dem wir Menschen uns fürchten, das Unbekannte ist, dieses Etwas, das wir nicht verstehen. Deshalb müssen wir etwas haben, mit dessen Hilfe wir dieses alles erklären können – und diese Erklärungsquelle, auf der wir alles aufbauen, nennen wir Religion. Welche Bedeutung hat nicht auch die Tradition für uns Menschen! Versuche einmal, an etwas so Naheliegendes zu denken wie die allgemein übliche Erziehung. Denke Dir, wie stark Du dastehen würdest, wenn Du eine Tradition besäßest, die durch Tausende von Jahren hindurch ein Merkmal Deines Geschlechtes gewesen wäre. Wie unendlich viel sicherer würdest Du dastehen als Deine Brüder und Schwestern, wenn sie von dieser Tradition abwichen. Glaubst Du nicht, daß Du Dich sicher fühltest, wo jene unsicher wären? Ich glaube das.

Ich verstehe, daß die Schwachen Gesetze haben müssen, nach denen sie sich richten können – sonst wäre ja kein Unterschied zwischen ihnen und den Tieren. Ich meine, daß den Schwachen Gesetze gegeben werden müssen – man muß sie ihnen erklären, man muß ihnen Belohnung versprechen oder Strafe androhen, sonst sind sie nur willenlos. Der Starke dagegen kann sich seine Gesetze selber geben. Er hat von sich aus die Kraft, sie zu halten ohne Androhung von Strafe oder Versprechen von Belohnung. Er weiß, daß sie gemäß ihrer Natur für sich bestehen und keiner unnatürlichen, geschweige denn übernatürlichen Erklärung bedürfen. Er ist sich bewußt, daß, wenn er seinen Gesetzen und seinem Instinkt folgt, das unfaßbare Glück seiner dadurch sich steigernden geistig-seelischen Gesundheit die größte Belohnung ist, die ihm zuteil werden kann. Ich will nicht behaupten, daß ich nicht an ein ewiges Leben glaube, aber ich glaube auf eine ganz andere Art an ein solches wie so viele. Nach meiner Meinung ist das Paradies ein Zaubermittel, das schwächlichen alten Leuten das Sterben etwas erleichtern helfen soll. Mir scheint, daß es ein wenig zu stark gerade das ins Licht rückt, was man im ersten Augenblick sich wünschen mag. Ich glaube an ein ewiges Leben durch unsere Kinder, vielleicht aber noch stärker durch unsere Handlungen und Taten hier im Leben.

Ich glaube, daß ein Mensch von edler Gesinnung sicher und froh dem Tod entgegenschauen kann, wenn er auf all das Gute und Aufbauende zurückblicken kann, an dem er hier im Leben mitgewirkt hat, wenn er sich selber vollkommen zu beherrschen versteht.

Ich glaube nicht, daß wir uns auch nur annähernd der Verantwortung bewußt sind, die hier im Leben auf uns ruht – daß wir ein Glied sind in dieser Gesamtentwicklung der Welt, daß wir mit jedem Versagen ein wenig von dem schwächen und zerstören, was unsere Kinder und Kindeskinder haben sollten, um darauf weiter aufbauen zu können. Es gibt unendlich vieles, was wir Menschen schwerlich je verstehen werden, ich glaube aber, daß es unendlich viel leichter und einfacher ist, als wir es uns vorstellen. Die Gesetze der Natur sind einfach, leicht und schön, die der Menschen hingegen verwickelt und kompliziert.

Helsingfors, den 6. Dezember 1941

Wir waren in der Schwimmhalle – sie ist ganz großartig, und wie herrlich war es, ein wenig schwimmen zu können. Das einzige, was bei all ihren Badestuben und Schwimmhallen in Erstaunen setzt, ist die freie und natürliche Art und Weise, in der die Frauen überall zwischen den Männern sich bewegen – im Waschraum, im Dampfbad und selbst im Umkleideraum.

Heute ist hier in Finnland Unabhängigkeitstag, so haben wir ganz freibekommen gerade wie alle anderen. Es schneit und gefriert, daher werde ich nachgerade immer mehr davon überzeugt, daß wir mit dem Schiff von hier nicht mehr loskommen.

Direkt an unserer Seite liegen vier deutsche Minensucher. Sie haben in den letzten Tagen Übungen mit ihren Kanonen gemacht. In meiner wildesten Phantasie habe ich mir nicht träumen lassen, daß die Deutschen in solch hohem Grad Sklaven sind, wie dies der Fall ist. Nach dem Spektakel zu urteilen, der von ihnen herüberschallt, sollte man glauben, daß es eine ganze Schule sei, die gerade Pause hat. Du glaubst vielleicht, ich übertreibe ein wenig, aber denke Dir nur, daß alle Männer schreien, jeder einzelne so laut, als er nur kann. Ich habe in meinem Leben nie etwas Ähnliches gehört. Einmal sah man dazwischen plötzlich 5 oder 6 Mann aus Leibeskräften im Schiff die Runde machen, mit einem wild bellenden Köter hinter sich her. Unwillkürlich mußte man darüber den Kopf schütteln. Denke dir, alle sind so geistesschwach, daß sie ihr Leben für etwas einsetzen, das sie selbst, ihre Kinder und uns andere alle vernichten wird – und noch leben sie in einem so völligen geistigen Dunkel, daß sie rufen und schreien, sie kämpfen für die Gerechtigkeit. Aber natürlich kann man es nur bedauern, daß sie nicht soviel Manneswillen und Mut besitzen, um für ihre eigene Meinung und ihr eigenes Ziel einzustehen, sondern daß sie alle – überdies noch freiwillig – sich zu solchen Ersatzmenschen machen. Sich vorzustellen, daß eine solche Beschränktheit ein ganzes Volk mit so vielen vorzüglichen Fähigkeiten beherrschen kann, daß sie nicht mehr imstande sind, einen selbständigen, freien und persönlichen Gedanken zu denken. Es ist auch unheimlich, sie zu hören; gleichviel, wo man sie antrifft, brauchen sie ihr Maul, schreien und brüllen sie, daß man glauben sollte, es gelte das Leben der ganzen Menschheit.

Helsingfors, den 13. Dezember 1941

Liebste Paula und Großvater

Wieder steht Weihnachten vor der Tür, und wir hatten gehofft, bis dahin heimzukommen. Um vorn zu beginnen, so erhielten wir vor einer Woche den Befehl, umgehend abzufahren. Am gleichen Abend begannen wir mit dem Klarmachen des Schiffes, und schon um halb 5 Uhr des nächsten Morgens, in stockfinsterer Dunkelheit, in Schnee und beißender Kälte waren wir an der Arbeit, die schweren Wintersegel untergeschlagen zu bekommen. Um 7 Uhr waren wir mit allen Segeln fertig mit Ausnahme des Besansegels. Froheste Laune herrschte, und wir alle waren begeistert vom Gedanken, daß wir wahrscheinlich mit dem Schiff auf Weihnachten heimkommen würden.

Ein wenig vor 8 Uhr wurde ein Stahldraht durch die Achterklüse* gezogen, und dann schleppte uns der Eisbrecher im Kreis herum, bis wir eisbefreit und klar dalagen, nachher kam die Reihe an den anderen Schoner und zuletzt an den Dampfer. Dieser ging nun voran, dann kamen wir, nur wenige hundert Meter hinter ihm, und den Schluß des kleinen dänischen »Geleitzuges« bildete der andere Schoner.

Es ging gleich von Anfang an ganz langsam, ja oft lagen wir sogar noch ganz still. Etwas eigenartig Hinreißendes, etwas Großartiges war dabei, langsam durch eine derartige Wüstenei hindurchzugleiten. Als wir gute anderthalb Stunden so gefahren waren, gab der Dampfer ein Signal mit dem Nebelhorn, daß er rückwärts fahre. Wir stoppten die Maschine, lagen still und warteten; dreimal brauchte er das Nebelhorn, und dreimal fuhr er rückwärts, aber gleich viel half es – fest saß er. Währenddessen fuhren wir vor- und rückwärts, um dem Schicksal zu entgehen, selber festzuliegen. Kurz danach gab der Dampfer es auf, aus eigener Kraft freizukommen, und gleichzeitig war unser Schiffer vollkommen ins reine gekom-

* Achterklüse: hintere Klüse. Die Klüse selbst ist ein Loch, in der Regel am Bug des Schiffes, durch das die Ankertaue fahren.

men, daß wir mit dem wenigen Öl, das wir hatten, niemals durchkommen würden. Nachdem sie sich gegenseitig durch Zurufe verständigt hatten, fuhren wir vorwärts zu dem kleinen, offenen Fleck, der hinter dem Schraubenwasser des Dampfers eisfrei geblieben war, und wendeten nun in vielen kleinen Etappen, bis wir in keinen fünf Metern Abstand am andern Schoner vorbeikommen konnten, damit beide Schiffe im aufgebrochenen Eis sich halten konnten. Genau drei Stunden nach unserer Ausfahrt aus dem Hafen waren wir wieder drin und konnten wir an derselben Stelle wieder anlegen. Natürlich hatten wir eine schreckliche Mühe wegen der Eisschollen, ganz hinein bis zum Hafendamm zu kommen, aber es gelang. Der Dampfer ist sicher noch nicht durchgekommen. Am gleichen Tag wurde um ein Visum nachgesucht für unsere Heimreise über Land, und wir hatten sehr gehofft, zu Weihnachten daheim zu sein, aber leider nimmt es mehr Zeit in Anspruch, die Papiere in Ordnung zu bekommen, als wir geglaubt hatten.

Seither haben wir eine Menge zu besorgen gehabt. Alle Segel mußten wieder eingezogen werden, und vorerst mußten sie ja vom Schnee befreit sein, bevor sie hineingelegt werden konnten. Dieses aber hatte seine Schwierigkeit, weil es stark schneite.

Dann kam die Reihe an alle laufenden Güter. Das war natürlich ein etwas kaltes Tagewerk, aber nun sind wir damit beinahe fertig, und so sollen wir in den letzten Tagen, bevor wir von hier abreisen, Brennholz sägen, damit der Steuermann, der da oben zurückbleiben soll, einen Vorrat davon hat. Soeben habe ich von den andern die traurige Mitteilung erhalten, daß der Dampfer, der versucht hatte, das Eis zu bezwingen, nie wieder in einen Hafen einlaufen wird.

Die liebevollsten Grüße und Wünsche von Eurem Euch zugetanen

Kim

III

Kragevej, Hellerup, den 6. Januar 1942

Liebste Nitte

Kannst Du verzeihen, daß ich Dir nicht früher geschrieben habe, der ich Dir doch gerade so gern ein wenig von all dem Glück und der Freude mitteilen will, die ich empfinde. Du kannst Dir vielleicht eine schwache Vorstellung machen, wie herrlich es für mich gewesen ist heimzukommen. Als ich im Hauptbahnhof angekommen war, rief ich Hanne an, und sie erzählte, daß sie gerade zum Frühstück am Kragevej eingeladen worden war. Wir verabredeten, daß wir uns am Bahnhof treffen würden und daß wir nichts davon sagen wollten, daß ich angekommen sei.

Das Wiedersehen selbst am Bahnhof verlief auf eine etwas andere Art, als ich gedacht hatte. Es war weit weniger ungestüm, als man es sich gedacht haben mochte. Aber zugleich unendlich viel bewegter.

Du kannst Dir die Aufregung kaum vorstellen, die daheim entstand, als ich gleich nach Hanne eintrat.

Als ich drei Minuten dagewesen war, war es mir vollkommen unbegreiflich, daß ich am gleichen Tag in Schweden gewesen war, in Stockholm mit all seinen Lichtern und mit Weihnachten, und daß ich nur zwei Tage vorher noch Schiffsjunge an Bord der »Johanne« gewesen war. Man konnte selber fast nicht mehr daran glauben. Die ganze Finnlandreise lag bereits als etwas Vorhistorisches hinter einem.

Du schreibst, daß Du nicht weißt, wieviel Zeit ich in den nächsten Jahren zum Lesen zur Verfügung habe. Ich selbst kann Dir kaum darauf antworten, aber ich weiß, daß man fast immer Zeit zum Lesen findet, wenn man den Willen dazu hat, selbst wenn man todmüde oder schlechter Laune ist.

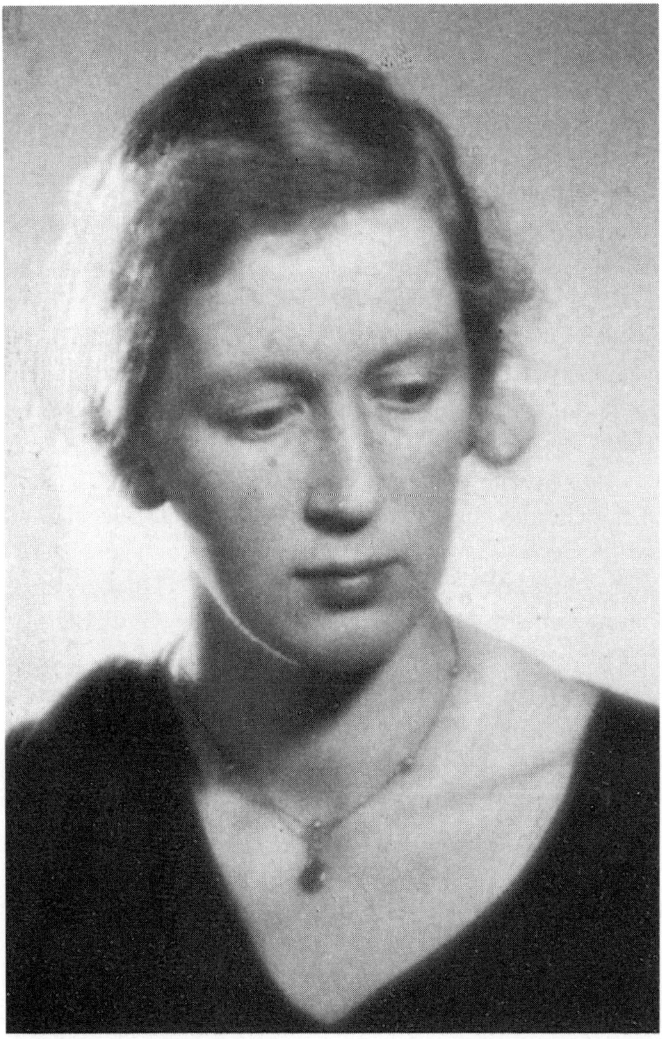

Nitte

Nitte, Du schriebst in einem Brief an mich: »Weiter, immer weiter, bleib nie stehen, merke Dir, was Dich am meisten interessiert, um später darauf zurückzukommen.« Kannst Du die wunderbare Wahrheit sehen, die in Deinen Worten liegt? Ich habe in der letzten Zeit viel an sie gedacht, und nun bin ich allmählich ein wenig zur Klarheit gekommen über vieles, was sich in mir rührt, aber ein wenig ist ja auch auf dem Weg. Wir hängen fest an Vorurteilen, an kleinen täglichen Gewohnheiten und an den tausenderlei Dingen, die unser tägliches Leben ausmachen. Vielmals hat in den letzten Jahren der Gedanke mich beschäftigt, daß so, wie in der Natur alles großartig und wunderbar ist, jede einzelne kleine Begebenheit zu unserem eigenen Besten dient – wie das kleine Atom mithilft, jedes einzelne Wesen aufzubauen, ebenso einfach, in gleicher himmlischer Schönheit hilft jede einzelne kleine Begebenheit unseres Lebens mit, Bedingungen für noch tieferes Glück und reinere Freuden zu schaffen. Dieser Gedanke erfüllt mich mit einem noch stärkeren Gefühl für das Leben, läßt mich mit größerer Erwartung selbst auf die allergeringsten Begebenheiten blicken und macht mein Gefühlsleben so spielend lebendig. Ich schreibe Seite um Seite nieder, und doch kann ich nicht einen Bruchteil von all dem zum Ausdruck bringen, was ich so unsäglich gern mit Dir teilen möchte. Bekomme ich dagegen ein paar Zeilen von Dir, so habe ich Gedankenstoff für lange Zeiten, ja, und mehr als einmal ein Leitwort, von dem ich wünschte, ich könnte es zu meinem Leibspruch machen: »Bleib nicht hängen, weiter, immer weiter – man kann immer zurückkehren.« Das gilt für die Gedanken, die Gefühle, das Lesen – immer weiter, immer etwas Neues, es kommt ein Tag, an dem wir froh sind, etwas zu haben, zu dem wir zurückkommen können.

Ich freue mich sehr, Dich zu sehen, nicht weil wir uns so lange nicht gesehen haben – Du stehst mir allezeit unendlich nahe –, sondern weil so vieles da ist, dem ich schriftlich nur schlecht Ausdruck geben kann, was mich doch so stark erfüllt. Da ist so vieles, was einen ein wenig hemmt. Es ging leichter in Finnland, ich bin aber gewiß, daß eine Aussprache mit Dir mich auf eine Menge neuer Wege bringt. In den nächsten paar Monaten werde ich noch nicht zum Ausfahren kommen. In gewissem Sinne ist das ja langweilig, aber gleichwohl kannst Du Dir vielleicht vorstellen, in welch vollen Zügen ich das Leben genieße.

Dein Kim

Den 10. Oktober 1942

Liebe Hanne

Hast Du jemals in »Adam Homo« von Paludan-Müller gelesen, wie die Mutter ihren kleinen Knaben lehrt, was das sagen will »zu sein«? – Hanne, ich fühle wie nie zuvor, was das für Dich und mich bedeutet, »zu sein«.

Nicht allein, daß wir einander lieb haben – nein Du, es ist nicht nur das, sondern es ist etwas Großes, etwas Unfaßliches und Schönes. Ich habe gehört, wie einige es »die Natur« nennen – einer sagte zu mir, es sei Gott, aber Du weißt, daß es für uns der Baum, die Vögel, die Wolken und die zwei Bussarde sind, die Du so scharf sich abheben siehst gegen die weißen Massen. Für uns ist es das kleine, flaumige Vöglein, das Du gestern aus seinem Nest ausfliegen sahst. Die Spannung, die wir empfanden, als wir mit vollen Segeln durch den Fjord hinflogen, während Du Dich an die Schote klammertest. Der Himmel, der auftaucht, die Wolken – die etwas kühle, aber doch so angenehme Morgenluft, ein kleiner Vogel, der plötzlich rasch über uns hinfliegt – eine Welt, so unendlich – ein Bild, so unheimlich schön, daß sich keine Worte dafür finden lassen. Es ist die Natur und noch viel mehr. Ein klopfendes Herz, noch ein klopfendes Herz, zwei klopfende Herzen – dort in der freien Natur unter dem offenen Himmel, sie sind doch das Schönste und Reinste – und alles das, nach dem alle so töricht suchen.

Am 15. August 1942 begann Kim mit der Teilnahme an einem einjährigen Studienkurs in der Absicht, nach abgelegter erfolgreicher Prüfung zu versuchen, auf die Seeoffiziersschule zu kommen. Zu gleicher Zeit fuhr Hanne aufs Land, um die Haushaltung zu erlernen.

Einen Monat nach Beginn des Kurses teilte der Kursleiter Kim mit, daß es für ihn völlig hoffnungslos sei, den Kurs fortzusetzen, und gab ihm den Rat, es ohne weiteres aufzugeben. Kim aber blieb dabei.

Als das Examen naherückte, blieben vom ganzen Kurs nur drei Teilnehmer, die dazu zugelassen wurden. Davon bestanden zwei das Examen. Einer von ihnen war Kim.

Am 29. Juni 1943 wurde er Student der Realabteilung. Aber seine Punktzahl war doch zu niedrig, als daß er gegen die über 60 besseren Bewerber hätte aufkommen können, die um die knapp 30 Plätze der Kadettenschule kämpften.

Die beiden folgenden Briefe sind an meinen Bruder und dessen Frau gerichtet, die die Kosten für Kims Studienkurs bezahlt hatten.

Kim und Hanne fuhren gleich danach nach Löndal.

Callisensvej 25, Hellerup, den 1. Juli 1943

Liebste Marianne

Wenn Du nun hörst, daß Hanne und Kim verreist sind, dann ärgere Dich bitte nicht, sondern versuche nur einmal zu verstehen, daß ich vielleicht auch eine Meinung habe. Ich bin Dir für Dein großes Interesse sehr dankbar, das Du an meinem Wohlergehen nimmst, aber es ist schließlich *mein* Leben, um das es sich handelt, und ich glaube an das alte Sprichwort, das sagt: »Jeder ist seines eigenen Glückes Schmied.« – Ich bin gewogen und als zu leicht befunden worden, und ich habe nach diesem Urteil keine große Lust, durch eine andere Tür hineinzukommen, nur um wieder hinausgeworfen zu werden.

Nun, ich kenne Dich genügend, um zu wissen, daß Du dies etwas kindlich und lächerlich findest, und doch, Marianne, um das Beispiel zu wählen, das Dir am nächsten liegt: Denk an Bumsi. Du sagst selber, ihm soll erlaubt werden, seinen Weg selber zu suchen, ihm soll erlaubt werden, in Ruhe zu philosophieren. Nicht wahr? Und dieses Recht versuchtest Du, mir gestern abend abzusprechen. Du wolltest mich drin haben. Das wolltest Du. Also Schritt und Richtung für Hanne und mich vorschreiben. Nun bin ich aber erwachsen, ist es dann nicht am Platz, daß ich meinen Lebensweg selbst ausprobiere? »Aber das ist nicht der Weg, auf dem du das Höchste erreichst, Kim, indem du nur probierst, ohne dich richtig abzumühen.« Ist es nicht das, was Du mir einprägen willst? Und doch, Marianne, wer ist der Mensch, der einem andern vorschreiben kann, so und so geht dein Weg? Du sagtest, ich wolle fort, um mich zu amüsieren etc. Jetzt mußt Du mir aber erlauben, ein wenig über das Ganze nachzudenken, bevor ich weiter mit Euch darüber spreche.

Für mich ist ein Tag wie der gestrige so voll wechselnder Eindrücke und Gedanken, daß ich, solange sie noch frisch sind, von hier fort muß, um darüber nachzudenken.

Du mußt entschuldigen, aber ich bin so müde, daß ich nicht die richtigen Worte für das Wesentliche meiner Gedanken finden kann, aber ich hoffe, daß Du trotzdem ein wenig von dem verstehst, was ich meine.

Dein Kim

Callisensvej 25, den 18. Juli 1943

Liebe Marianne und lieber Hans

Ich bin jetzt in Kopenhagen, habe alles gepackt und habe mich anheuern lassen. Es tut mir leid, daß ich nicht mehr mit Euch sprechen konnte, aber auf der andern Seite war ich mir klar darüber, daß es für mich besser war, in Löndal zu bleiben und in Ruhe über alles nachzudenken.

Ich weiß nicht, wie es auf Euch wirkte, daß ich nicht aufgenommen wurde. Ich selbst fühlte mich schamlos erleichtert. Ich wäre sehr gerne Kadett geworden, weil ich wußte, daß es ein großer Wunsch von Hanne war, und weil es sich ausgezeichnet mit meinen eigenen Zukunftsplänen vereinbaren ließ.

Sicher empfinden es viele als dumm, daß ich es nächstes Jahr nicht wieder versuche. Ich hätte nichts dagegen, noch ein Jahr im gleichen Tempo weiter zu studieren, wenn es ein neues Pensum wäre und wenn es sich darum handelte, ein neues Ziel zu erstreben. Aber nochmals dasselbe durchzugehen, um dann nach einem Jahr auf genau demselben Fleck zu stehen, das würde mich rastlos machen und wäre mir zuwider, da es sich ja nicht um mein einziges großes Ziel dreht.

Ich habe versucht, mir vorzustellen, wie sich die Zukunft für Hanne und mich gestalten wird. Einen klaren Umriß zu sehen, ist beinahe unmöglich, aber ich fühle stärker denn je, daß, wie es auch kommen mag, es uns in des Wortes eigentlichster Bedeutung gutgehen wird.

Hanne war sehr enttäuscht, daß ich nicht angenommen wurde. Sie hatte ihre ganze Hoffnung darauf gesetzt, daß nun alles in festen Bahnen liege und daß wir nun etwas hätten, woran wir uns halten können. – Es ist mir auch klargeworden, daß es für sie höllisch schwer sein wird, aber wie wir es auch drehen und wenden, wir können nichts anderes sehen, als daß dies das Richtige ist.

Meinen Plan, auf die Kadettenschule zu kommen, hatte ich ihretwegen gefaßt, was mir eigentlich erst jetzt richtig klargeworden ist. Ich weiß nicht, wieso und warum, aber ich muß mich im Verlauf des Jahres doch so viel mit dem Gedanken beschäftigt haben, daß er mir zuletzt selbst ausgezeichnet vorkam. Mir ist es eigentlich erst klargeworden angesichts der Erleichterung, die ich spürte, als ich nicht angenommen wurde; das heißt, ich verstand mich selber nicht, aber als Hanne und ich bei Euch standen, Hanne mich ansah und sagte: »Kim, du hast dich noch nie so erleichtert gefühlt«, da wußte ich im selben Moment, daß sie das Richtige getroffen hatte.

Was ich Euch in diesem Brief schreibe, ist recht kümmerlich, aber auf der andern Seite ist es beinah unmöglich, Bestimmtes über etwas so Unbestimmtes wie meine, oder besser gesagt, Hannes und meine Pläne zu sagen.

Nach all dem, was Ihr für mich getan habt, möchte ich Euch so gerne klaren Bescheid geben, aber einstweilen kann ich nur sagen, daß ich versuchen werde, mich so rasch wie möglich zu entwickeln und so viele neue Menschen und deren Schicksale kennenzulernen, als es mir möglich ist.

Lebt wohl und habt Dank. Sowie ich meine Feder besser in der Gewalt habe, werde ich wieder schreiben.

Kim

Den 19. Juli 1943

Ich war eben bei Ingenieur ... Er empfing mich mit den Worten: »Du bist ein rechtes Schaf, daß du nicht am gleichen Abend, als du von der Kadettenschule gingst, zu mir kamst.« Er meinte, er hätte mich mit Leichtigkeit dort anbringen können. Auf diesen Gedanken hätte ich also kommen sollen! Aber weder darüber reden noch sich darüber ärgern kann etwas daran ändern, also schließen wir das Kapitel.

Ich unterhielt mich längere Zeit mit ihm, und er machte mir Vorwürfe, wie dumm es von mir sei, und daß ich es eines Tages bitter bereuen werde, wenn ich nicht nochmals studierte, um mich nächsten Sommer wieder zu melden.

Er sprach so ruhig und natürlich und brachte so gute Argumente, daß ich ihm zu guter Letzt bald geglaubt hätte. Ich versuchte, das Ganze noch einmal durchzudenken, und kam zu dem Resultat, daß meine eigenen Erwägungen doch gewichtiger sind als seine Gründe, und ich glaube, daß ich mehr davon habe, bei der Handelsschiffahrt zu bleiben, selbst wenn ich heute noch nicht übersehen kann, wohin es führen wird.

Euch und Eurem Sohn sende ich die herzlichsten Grüße.

Kim

IV

Den 1. August 1943

Ich habe mich als Leichtmatrose auf dem Dreimast-Schoner »Erna von Marstal« anheuern lassen.

Nun beginnt ein neuer Abschnitt in meinem Leben. Möge er gut ausfallen, und möge ich die Fähigkeit besitzen, jede Gelegenheit, mein Wissen zu erweitern, bis zum äußersten ausnützen.

Unterwegs nach Korsör, den 2. August 1943

Liebste Hanne

Nun sitze ich auf meinem Koffer in einem überfüllten Zug und schreibe. Ich bin schläfrig; hier stehen zwei junge verliebte Menschen. Plötzlich sah er lang und starr auf mich hin. Es war, als ob er mich herausfordern oder anklagen wollte, als ob ich übel von ihnen gedacht hätte – die Idioten – sie sollten ihre Zeit besser anwenden, statt sich vor mir zu rechtfertigen.

Nun bin ich an Bord der Fähre. Neben mir steht ein junges Mädchen, reizend, kannst Du Dir denken – sonst stände ich ja nicht an diesem Platz, nicht wahr? Sie verschüttete ihr Salz, ich mußte unwillkürlich darüber lächeln, mit dem Resultat, daß ich nun jedesmal ihren Blick auffange, wenn ich aufsehe. Mag ich das gern leiden, Hanne? Du antwortest mir, nicht wahr? Es ist mächtig interessant, die Leute zu betrachten. Da steht sie und blättert in einer Zeitung, jetzt wendet sie ein Blatt. Du kennst den automatenhaften, gleichsam unbewußten Ausdruck, der entsteht, wenn Menschen von ihrer Umwelt weg in etwas so Prosaisches wie eine Zeitung versinken. Dort schlagen sie sich beinah um das Bier, und ich stehe hier in all dem mitten drin, an die Reling gerade beim Treppenaufgang gelehnt, schaue mir die Leute an und habe es eigentlich herrlich. Du kennst das Wohlbehagen, das auf der Reise einen überfallen kann. Nur solltest Du hier sein.

Nun rudern ein paar Boote an uns vorbei, sie sehen klein aus. Man fühlt, daß sie zu einer Welt gehören und wir zu einer andern. Zwei kleine Welten, die vom gleichen Meer umflossen werden. Ist es nicht dieses Gefühl, das sich wiederholt zwischen Ländern, Rassen, Nachbarn und Familien, jedermann ohne Ausnahme baut seine eigene kleine Welt auf – eine unendliche Menge kleiner Welten, die umherfließen in der großen Welt. Alle sind sie sich selbst genug, so meinen sie. In Wirklichkeit fehlt ihnen die Größe, um alle diese Welten erfassen zu können. Ist das nicht angeboren – kann man es dann nicht durch Wissen, zugelerntes Wissen erlangen? Wissen führt zum Verstand, und Verstand bringt Verstehen.

Marstal, den 3. August 1943

Ich habe nun meinen ersten Tag an Bord gehabt. Wir sind acht Mann, vier in der Mannschaftskajüte. Auf dem Verdeck ist hier eine Matrosenhütte. Wir sind zwei Leichtmatrosen. Der andere ist ein netter Kerl, sehr ruhig und zuverlässig. Sympathisch. Die zwei Schiffsjungen sind die größten Schweine auf Erden. Der eine ein kleiner Flegel, der ein Jahr lang gefahren ist, der andere ein großer Klepper, der so faul ist, daß er kaum weiß, auf welchem Bein er stehen soll, und abenteuerliche Schweine sind sie in jeder Hinsicht. Der Schiffer ist der beste Typ. Er ist groß und unwahrscheinlich stark, wiegt 250 Pfund und hat Muskeln und Sehnen. Das Schiff ist noch nicht aufgetakelt, so geht es noch ein paar Tage, bis wir abfahren.

Einmal fühlte ich heute, daß ich dieses Leben nicht lebenslang fortsetzen möchte. Nun glaubst Du, daß ich keinen Gefallen mehr an ihm finde, oder daß ich mich vielleicht nach Dir sehne, und doch ist keines von beidem der Fall, sondern ich fühle plötzlich eine Sehnsucht danach, gerade so große

Freiheit zum Lernen zu haben wie in den Tagen, bevor ich hier herunterfuhr.

Ich bin ein paar Abende mit dem Leichtmatrosen an Land gewesen. Es bestand darin, daß er die Hauptstraße hinauf- und hinunterging und »Haw-Haw« sagte. Einmal dazwischen bückte er sich und hob eine Zigarre oder ein Zigarrenstümpchen auf. Er fand noch eine, die vom Regen ganz durchnäßt war. Er nahm sie zwischen seine Finger, preßte sie zusammen, daß das Wasser ablief, und steckte sie dann in die Tasche. Als wir heimkamen, schüttete er seine Taschen aus und sammelte den ganzen Inhalt zusammen in seine Pfeife.

Man kann hier hören, wie in Deutschland bombardiert wird. Die ganze Zeit hört man die fernen Detonationen.

Marstal, den 4. August 1943

Ich bin erstaunt darüber, wie angenehm es eigentlich ist, nicht mehr Schiffsjunge zu sein. Steht man vor einer langweiligen Arbeit, so faßt man einen dieser Kerle am Wickel und... Heute habe ich einen der Schiffsjungen aus seiner Koje geschmissen und sie für mich selbst genommen. Sie ist unvergleichlich besser. Erst wollte ich nicht, weil ich nicht gern irgendwelche Feindschaften an Bord haben wollte, aber schon heute fühlte ich mich so sicher, daß ich sie nahm. Heute haben wir eine Fahrt hinaus gemacht, um den Kompaß einzurichten, und morgen früh um 4 Uhr sollen wir abfahren.

Den 5. August 1943

Ich sitze jetzt im Steuerhäuschen bei einer einsamen rußenden Lampe. Das ganze Schiff ist ruhig, alle schlafen. Nur ich sitze da wie ein allmächtiger Vater und wache darüber, daß alles geht, wie es soll. Wir liegen vor Anker. Das Schiff liegt still und wiegt sich in einer sanften Dünung, die nach dem gestrigen Wind geblieben ist.

Ich sitze da mit der einen Hand am Kinn und dem Schreibblock auf den Knien. Beide Füße habe ich gegen die Steuerradspeichen gestützt – die Tür steht offen. Wie eine Fortsetzung der Türöffnung geht ein wunderbarer Weg hinaus von reinstem Silber. Der Vollmond steht draußen am Himmel und wirft seine Strahlen über das Wasser und das Schiff. Meine Gedanken wandern auf diesem Weg hinaus in das strahlende Abenteuer, das für mich Hanne ist.

Wie ein Mondstrahl schleiche ich mich lautlos in Dein Zimmer – Du siehst mich nicht, denn Deine Lampe brennt, und ihr gegenüber bin ich zu schwach. So gut wie unsichtbar lege ich mich hin über Deine Bettstelle – da liege ich und schaue auf Dich – wäre ich doch nicht so fern, so schwach, könnte ich doch Deine Lampe überwinden und Deinen Blick einfangen – ich bewege mich langsam, unendlich langsam über Deine Decken – Du liegst, auf einen Ellbogen gestützt, und schreibst. Nun ruht die Feder, und Dein Blick wird fern. Hanne, Hanne, sieh mich an. Ich liege hier, ach Du, sieh bloß ein einziges Mal mich an – aber nein, nun machst Du eine Bewegung und beginnst wieder zu schreiben. Ich gleite ein wenig näher, dabei lösche ich mich selbst im Licht der Lampe aus – ich merke es aber nicht, denn alles in mir sammelt sich nur um das eine, Dein Bild einzusaugen, wie Du daliegst in Deinem sichern Heim und in Deiner sichern Gefühlswelt. Jetzt legst Du Dich hin und träumst wieder, schließt dann das Buch und legst es weg, stehst auf und ziehst die Vorhänge weg. Du stehst mit einem verträumten Ausdruck in den Augen da, und sicher suchst Du mich draußen in der unendlichen Ferne, aber Hanne, sieh mich jetzt an, ich bin bei Dir. Deine Gedanken sollen gar nicht suchend durch das ganze Universum wandern, um die meinen zu finden, denn sie sind ja bei Dir. Nun gehst Du langsam weg von mir, und nun kann ich schön oben auf Deiner Decke liegen, und alles ist so rein und lauter, daß ich weinen könnte. Ich gleite unendlich langsam und still hin über Dein Bett, liebkose einen kurzen Augenblick lang Dein Gesicht, aber es entzieht sich ein wenig. Du kehrst Dich um, und ich liege enttäuscht auf der Bettkante. Dann gleite ich ein wenig über den Fußboden hin, begegne einem Paar Pantoffeln und werde ganz gerührt beim Gedanken an ihre Verbindung mit Dir. Ich verweile noch eine kurze Sekunde bei ihnen, und dann muß ich still mich fortstehlen dahin, von wo ich gekommen bin, und vor dem anbrechenden Tag weichen. Vergib, Du Kleines, wenn ich Dich gestört habe und Du unruhig träumtest.

Die Sonne drängt sich mehr und mehr vor, der Himmel rötet sich im Osten mit der herrlichsten aller Farben, die Luft ist rein und hell, über der Erde aber herrscht die Dämmerung. Ich stehe an der Reling, um den anbrechenden Tag willkommen zu heißen. So still stehe ich da, ich wage fast nicht, mich zu rühren, um die göttliche Ruhe nicht zu stören, die überall herrscht.

Den 6. August 1943

Heute morgen wurden wir um 4 Uhr geweckt, und wir hatten eine großartige Fahrt hinauf durch den Belt. Wir bekamen eine Gewitterbö und mußten die Segel einziehen. Dann erhielten wir einen Motorschaden und mußten in Kerteminde einlaufen, wo wir nun liegen. Heute abend ist mir etwas Merkwürdiges passiert. Ich sagte zu Jens, daß er die Back aufwaschen soll. Er weigerte sich und ich prügelte ihn nicht. Ich fühle mich nicht recht im Gleichgewicht in Hinsicht auf mich selbst, aber es ist etwas in mir, das sich weigert, auf einen Menschen loszuschlagen.

Den 5. September 1943

Ich bin in Kopenhagen, in Stettin und wieder in Kopenhagen gewesen, Samstag, Sonntag und den größten Teil der Woche, weil wir einen Brand in der Ladung hatten. Erlebte dort die Übernahme der Verwaltung in Dänemark durch die Deutschen. Bin jetzt in Stettin. Ich habe mit einigen Hafenarbeitern gesprochen. Das sind alles Kriegsgefangene, Franzosen, Belgier und Russen. Wie unglücklich sehen sie aus, die Franzosen.

Sie sehen beinah aus, als ob sie jeden Halt im Dasein eingebüßt hätten. Sie sehen nichts, reden nichts, und vor allem tun sie nichts. Sie erhalten 39 Pfennige in der Stunde. Einer von ihnen erzählte, daß sie mit dem Ruf »Ausländer raus« empfangen würden, wenn sie in einen Laden kämen, um etwas zu kaufen.

Als wir gestern in der Kajüte saßen, kratzte jemand leise an der Tür. Ich rief »herein«. Die Tür ging auf, und herein kam aus dem Dunkel draußen in das Licht hier drin ein kleiner Mann. Es fiel mir auf, daß er einem Schreiner oder Buchbinder gleichsah. Es erwies sich nachher, daß er Schreiner war. Er kam herein zu uns mit dem Hut in der Hand und einem bescheidenen Lächeln im Gesicht: »Brot, Brot« – das war seine stille Bitte. Er erhielt das Abendessen zusammen mit uns. Der Matrose Durant aß nichts, sondern gab ihm all das seine. Der Mann fragte, ob er nicht ein Hemd kaufen könne. Durant schenkte ihm zwei von den seinen.

Hellerup, den 4. Dezember 1943

Liebste Nitte

Ich weiß nicht, ob Du schon gehört hast, daß ich abgemustert bin. Ich kam vor einer Woche mit einem bösen Knie heim. Nichts von Bedeutung, aber doch so viel, daß der Arzt meinte, ich müsse mich 14 Tage lang in Ruhe halten.

Ich erinnere mich, daß wir früher davon gesprochen haben, daß, wenn man bis zum Hochmut fühle, einen Körper zu haben, der das Unglaubliche vertragen könne, das einem ein Gefühl der Sicherheit und eine Ruhe gebe, was nur der versteht, der es erfahren hat. All das zusammen hat bewirkt, daß meine Sinne so empfänglich sind für die Fülle von Eindrücken, der ich ausgesetzt bin, daß ich mich zuzeiten weit reicher fühle als der Reichste, während ich zu andern Zeiten von einer Ziellosigkeit und Verwirrung ergriffen werde, die mir vollständig fremd sind. Dann ist da noch anderes, das ich schon lange gern mit Dir besprochen hätte. Siehst Du, ich habe seit mehreren Jahren, ja mein ganzes Leben lang, mich als etwas Besonderes gefühlt, als einen Einer. Natürlich ist dieses Gefühl mir früher gar nicht bewußt gewesen, ist nun aber im Lauf der letzten Jahre hervorgewachsen und hat Gestalt angenommen. Ich will nicht sagen, daß ich es von mir geschoben habe – kitzelt es doch die Eitelkeit, sich über die Allgemeinheit erhoben zu fühlen – hingegen habe ich versucht, einen Grund dafür zu finden. Ich habe mehrmals beobachtet, daß gerade dann, wenn mir alles querging, jenes Gefühl lächerlicherweise am allerstärksten war.

Dann kannst Du Dir vielleicht vorstellen, daß das nächste, was ich tat, war, zu untersuchen, was ich werden könne. Selbstverständlich war mein erster und letzter Gedanke – die Schriftstellerei (und ist es übrigens noch), aber mir schien, es fehle mir die Fähigkeit zu schreiben – oder eher: die angeborene Begabung.

Das Nächstliegende – und vielleicht auch das einzig Richtige – ist ja wohl das, daß ich ein Glückspilz bin und allein aus diesem Grund so viele große und kleine Gedanken über mein eigenes Ich bekommen habe.

Nun wirst Du wohl ein wenig erstaunt sein darüber, daß ich dieses schreibe – vielleicht um mit der Zeit einmal die Achseln darüber zucken und es belächeln zu können – vielleicht um es etwas auf die Seite zu legen, und doch, wer weiß, ob dieses gelingen wird. Du kennst aber die Veränderung, die ein Gedanke erfährt vom Augenblick seiner Geburt in einem Gehirn bis zum hingeschriebenen Wort.

Die liebevollsten Grüße K.

Absichtlich habe ich diesen Brief ein paar Tage liegen lassen, und ehrlich gesagt, ich habe die größte Lust, ihn Dir gar nicht zu schicken. Du wirst vielleicht ahnen, daß so viel in mir vorgeht, daß es überhaupt lächerlich wäre, den Versuch zu machen, es zu analysieren – geschweige, es andern zu erklären, doch zuweilen ist es, als ob das einem selbst helfen könne.

Ich kann gut einsehen, daß man, wenn man dieses liest, den Eindruck bekommen kann, daß ich mich selbst ein wenig zu ernst nehme, aber das ist nicht der Fall. Ich versuche es mit einem kleinen Vergleich. Du erinnerst Dich vielleicht an die Mondscheinfahrt, die wir einmal auf Ski miteinander machten. Schau, die unbeschreibliche Tiefe der Stimmung, die mich damals hinriß, würde flach und gewöhnlich wirken, wenn ich versuchen würde, sie Dir zu beschreiben, und dennoch weiß ich, daß Du ein wenig davon verstehen würdest, weil Du ja selbst mit warst und vielleicht sogar ein wenig dasselbe fühltest. Ich glaube, Du hast dasselbe erlebt, und nun will ich gerne diese meine letzten Erlebnisse mit Dir teilen. Ich fühle es, als ob ich von einer mächtigen Woge mitgerissen würde, die mich ganz umhüllt und mich herumschleudert.

Kim

Callisensvej, Hellerup, den 18. Dezember 1943

Liebste Nitte

Nun kommen wir zum traditionellen Weihnachtsbrief zurück, mit all den alten Wendungen, die das Ganze leichter machen, aber nicht so warm empfunden sind, wie es sein müßte.

Leichtsinnigerweise habe ich diesen Brief am Morgen begonnen. Ich weiß nicht warum, aber ich habe mich immer äußerst verlegen gefühlt, wenn ich genötigt war, früh am Tag zu schreiben, weil ich da Satz um Satz meinem Gehirn abringen muß und nichts von der Kraft in mir fühle, die einen gleichsam vorwärts trägt, wenn man an einem späten Abend zur Feder greift.

Ich habe in der letzten Zeit mehrmals an Deine große Bewunderung der Bibel gedacht, an Deine Liebe zu ihr und zu Jesus, oder um zu sagen, wie ich es eigentlich fühle, an Deine Liebe zu dem idealen Bild, das Du nach und nach in Deiner eigenen Seele gestaltet hast. Ein Bild, das Leben und Erfahrung für Dich reicher und größer machen werden und das Dich mit den Jahren mehr und mehr erfüllen wird. Jedoch habe ich das sichere Gefühl, daß Du niemals dazu kommen wirst, das Bild anzubeten, das Du selbst gestaltet hast, wie das so viele Menschen tun, die von der übermächtigen Woge des Glaubens gefühlsmäßig aufgesaugt werden und sofort die Augen schließen in stillem Gebet und vollkommener Hingabe, ohne ein einziges Mal zu versuchen, in diese die Seele so sehr mit Schwindelgefühlen bedrohende Tiefe zu schauen. Ich schreibe absichtlich »Bild«, weil ich weiß, welche Liebe und Wärme Du für ein wirkliches Kunstwerk empfinden kannst, und ich stelle mir vor, daß Du ein kleines Bildwerk gestaltet hast, dem Du eine Seele eingehaucht und das Du weiterentwickelt hast auf Grund all der Eindrücke, die Du im Leben gesammelt hast, aus Büchern, aus der Bibel und aus Deinem eigenen Innern, und all das ist nun hier vereinigt in einer wunderbaren Herrlichkeit. Jedesmal, wenn Du im Buch der Bücher liest, entdeckst Du neue Seiten an Dir selber, und das erfüllt Dich mit einer unwillkürlichen Freude, und beständig wird Dein Bild größer, oder ist es Deine Seele? Du weißt das selbst nicht recht, aber Du weißt, daß da etwas Wunderbares ist, das in Dir wächst, und daß es nur gilt, dieses hochzuhalten über all dem Kleinlichen und Menschlichen, von dem freizumachen uns so schwerfällt.

Du liebst diesen reinen Tag in Deiner Seele, aber Du gehörst nicht zu jenen, bei denen mit der Verehrung der enge Blick und die spätere Blindheit ihren Anfang nehmen. Denke Dir, wenn Du bei diesem nicht mehr verweilen und nicht mit offenen Augen alle diese Herrlichkeit einsaugen könntest. Du fühlst, daß Menschen, die am liebsten von der köstlichen Gabe der »Freiheit« entbunden sein wollen, daß sie am liebsten sich binden, am liebsten hinsinken wollen in gehorsamem Gebet und in Anbetung, daß sie allesamt so gerne einen Engel haben wollen, an den sie glauben können.

Aber Du selbst, Du fühlst im Grunde, trotz aller Sicherheit und aller guten Absichten, ein schwelendes Streben danach, selber ein Gott zu sein, ein freier Wille, der eine übermächtige Liebe empfindet zu dem Leben, das er selbst geschaffen hat.

Ich weiß nicht, ob Du Dich daran erinnerst, aber ich fragte Dich einmal, ob ich Dir alles schreiben könne, was mir überhaupt einfalle, und Du antwortetest mit einem augenblicklichen Ja. Ich war ein wenig erstaunt über die ruhige Art, mit der Du ja sagtest, während Du doch einen gewissen Widerwillen hast vor einer allzu unbeschränkten Vertraulichkeit. Ich überlegte, ob Du ahntest, was für einem Schock Du Dich dadurch aussetzen könntest. Vielleicht weißt Du es, aber als Du damals sagtest, es sei etwas anderes mit mir, und schon, daß ich Dich um dieses bat, das war für mich eine solche Vertraulichkeit, daß Du es kaum ahnen kannst.

Ich habe soeben meine Uhr bekommen. Vielen Dank. Aber Du, wie unverständlich es vielleicht auch für Dich sein mag, so wurde ich am frohesten über Deinen Brief. Du läßt darin eine Bemerkung fallen, daß das Armband ein wenig scheuere. Du kennst sicher das warme Gefühl, das einen bei dem Bild erfüllt, das im selben Augenblick vor einem steht. Ich sehe Dich vor mir mit meiner Uhr am Arm und ich freue mich über dieses letzte kleine, zarte Band, das mich verbindet.

Dein Kim

Trelleborg, den 8. Januar 1944

Liebe Hanne

Wir haben schlechtes Wetter gehabt, und deshalb haben wir uns hier hereingeschlichen. Ich war oben, um die Stadt anzusehen. Es ist ärgerlich, daß die Läden geschlossen hatten, denn da war vieles, das ich gern hätte haben mögen, zumal wir sicher morgen beizeiten wegfahren. Die Schweden interessieren sich sehr für uns, und sogar der Mann aus dem Volk ist empört über den Mord an Kaj Munk*. Es ist merkwürdig, gewahr zu werden, wie wir uns ihnen überlegen fühlen, weil wir an dem beteiligt sind, während sie als Zuschauer dasitzen. Sie reden mit

* Kaj Munk, geboren 1898, war ein dänischer Dichter und Pfarrer, ein erklärter Nazi-Gegner. Er wurde 1944 von Angehörigen der SS aus seinem Pfarrhaus entführt und ermordet.

von allem möglichen, und man merkt, wie neugierig sie sind, etwas Neues zu hören, das sie weitertragen können. Andererseits sind wir die Erfahrenen, die nur wenig sagen und viel mehr wissen.

Rönne, den 11. Januar 1944

Wir fuhren gestern abend um 10 Uhr von Trelleborg weg und kamen heute morgen um 8 Uhr hierher. Das Wetter war hart. Unser Großbaum brach entzwei. Die »Erna« liegt hier. Ich bin drüben gewesen, um mit ihnen zu plaudern. Alles war beim alten und gerade so schmutzig. Die Kajüte war viel dunkler, weit elender, als ich in Erinnerung hatte. Einst lebte ich in ihr und liebte ich sie mit ihren Mängeln und bemerkte diese nicht, nun aber sah ich sie plötzlich wieder. Es war, als ob es ein anderes Schiff wäre.

Rönne, den 13. Januar 1944

Nun ist fertig gelöscht, und man hat begonnen, Tonwaren für Randers zu laden. Ich habe heute eine Landkarte von Bornholm gekauft, und es ist mein Plan, wenn wir am Sonntag hier liegen bleiben, einen Ausflug zu machen und die bekanntesten Orte anzusehen.

Ergötzlich, wie rasch man sie beeinflussen kann. Der Koch hat sich die ganze Zeit, da er an Bord war, nicht gewaschen, und nun wäscht er sich in der Regel einmal am Tag über den ganzen Körper. Es macht mir großen Spaß zu sehen, wie er sich selbst bewundert und genießt. Wir haben die Kajüte gescheuert und geschrubbt, daß sie leuchtet, und wir sind nun dabei, dem Dreck auf den Grund zu kommen. Das ist wohltuend.

Rönne, den 14. Januar 1944

Wir haben heute gebrannte Steine geladen. Wir rechneten aus, daß heute jeder von uns 35 000 kg in den Laderaum heruntergereicht habe. Das war sehr anstrengend, zumal einem die Übung gänzlich mangelt.

Während ich beim Schlitten stand, kam ein alter Mann heran, um mit seinem Sohn zu sprechen, der Chauffeur des einen Wagens war. Ich studierte sie – den Alten und den Jungen. Es war etwas Besonderes im Gesicht des Alten. Die vielen feinen Runzeln, sie wirkten wie ein Rahmen um die klugen, blauen und ruhigen Augen, und zum erstenmal verstand ich den Unterschied zwischen Alt und Jung, und ich fühlte etwas von dem Abstand zwischen ihnen. Gewissermaßen war er Großvater ähnlich. Diese klugen Alten können einen, wenn man ihnen gegenübersteht, ihre Einsicht und Stärke fühlen lassen. Aber wenn man sie dann gehen sieht – steif und gebückt – ergreift einen eine seltsame Liebe zu ihnen, aber zugleich richtet man sich ein wenig auf und fühlt einen kleinen Stich von Selbstbewußtsein, denn man ist ja zum Glück jung und stark.

Rönne, den 16. Januar 1944

Ich stand da und beobachtete einen Stein, der ein klein wenig unter der Wasseroberfläche lag – ich sah, wie die See sich langsam auf die Hinterbeine erhob, um hernach auf eine lustig spielerische, närrische Art auf ihn niederzufallen – und plötzlich verstand ich Leonardos Zeichnungen. Sie standen so lebendig vor mir. Nie vorher habe ich seine Zeichnungen von den Wasserwellen richtig verstanden.

An einer andern Stelle hat das Wasser ein Loch in den Felsen geschlagen, aber drinnen hinter dem Loch liegt ein ganz kleiner See. Ich saß und sah auf seine ruhige Oberfläche, sie hob sich und sie senkte sich wieder – so folgte sie ruhig und sicher ihrer Mutter, dem Meer.

Ich kam an der Kirche vorbei. Drinnen wurde gesungen. Als sie fertig waren, ging ich hinein, um die Kirche zu besichtigen. Der Pfarrer gab mir die Hand und sagte, daß ich eine Stunde früher hätte kommen sollen. Dort hing ein großes

Bild vom Großvater * an der einen Wand. Ich fragte, ob das Pfarrhaus noch existiere. Er sagte, daß es niedergebrannt sei, und als er hörte, daß ich ein Enkel sei, bedachte er sich ein wenig, dann sagte er, daß ich hingehen und mit einer frommen Frau sprechen solle, Martine Mortensen mit Namen, die froh sein würde, mich zu begrüßen. Eine kleine Schneiderswitwe, die über 80 Jahre zählt. Sie lebte so still und so sanft für ihren Gott, ihre Mitmenschen und ihre Erinnerungen. Ein »Guten Tag« und ich bin mit eingeschlossen in diese Welt aus vergangenen Zeiten. Sie lacht die ganze Zeit, während sie sich beeilt, den Tisch abzuräumen. Sie lacht, wie nur alte Leute und Kinder lachen können, so still und so unsäglich mild. Schon hat sie mir ans Herz gegriffen. Sie erzählt, sie falle leicht in Gedanken, und dann lacht sie wieder, und so in einem fort. Wenn sie lacht, ist sie Kind und verkörperte Liebe – wenn sie ihren Gedanken nachsinnt, sehe ich ihre Erfahrungen und Leiden in jeder einzelnen der vielen tausend kleinen Runzeln. Sie erzählt von Großvater und Großmutter, wie er sich aufopferte für seine Mitmenschen, wie schwer es für die Großmutter gewesen sei zu sehen, wie er sich selbst zugrunde richtete, aber daß sie ihn doch nicht in seinem Lebenswerk hemmen wollte. Ich sehe die junge, hübsche Frau Pfarrer mit ihren neun kleinen Kindern und den ärmlichen Einkünften kämpfen, um das Ganze über Wasser zu halten. Ein großer und schöner Pfarrer, der beständig alle Welt bittet, mit heim zum Essen zu kommen, und der immer an der Arbeit ist, oft gar nicht ißt, so in Anspruch genommen, wie er ist – und beständig die Stütze dieser starken kleinen Frau, die wohl im stillen ein wenig darüber trauert, daß der Mann so wenig Zeit für anderes als seine Arbeit übrig hat, die aber dennoch überall helfend und stützend wirkt.

»Ihr Großvater war ein Mann, der viele kleine Eindrücke in sich aufnahm und sie groß von sich gab.« Es machte mich so

* Kims Großvater väterlicherseits, Pastor Julius Friis-Hansen, war Pfarrer in Olsker-Allinge auf Bornholm von 1890 – 1897.

froh zu hören, was für starke Worte sie zu gebrauchen wußte. Dann erzählte sie von sich selber, und ihr Gesicht leuchtete vor Freude und Stolz, als sie sagte: »Mein Mann und ich, wir haben nie etwas verschwendet, wir haben allezeit in Genügsamkeit und Sparsamkeit gelebt.« Und ihr Gesicht wurde ernst, beinah ein wenig traurig, als sie hinzufügte: »Ja, wir mußten am Essen und an Kleidern sparen, um uns über Wasser halten zu können.« Dann saß sie ein wenig da, seufzte und flüsterte vor sich hin: »Über Wasser halten zu können.«

Ich tat ihr leid, weil ich zur Kirchenzeit gereist war, aber dann lächelte sie ihr altes, kluges Lächeln und sagte: »Aber darin ist auch viel Andacht, allein in der großen Natur herumzugehen.« Dann lachte sie und zog mich mit hinaus in einen kleinen, verkümmerten Garten: »Ja, Sie hätten im Sommer hier sein sollen, dann wäre da etwas zu sehen gewesen, das können Sie glauben.« Blind wie ich war, hatte ich es schwer, mir das vorzustellen. Sie wies auf einen alten, krummen Birnbaum. Ich konnte nichts Besonderes an ihm finden, aber dann kam das Geheimnis des Baumes zum Vorschein: »Den hat mein Mann gepflanzt.« – Und dann ein wenig danach: »Darum ist es so schön, ihn wachsen zu sehen.« Wir waren rundherum gegangen, um auf das Ganze zu schauen, und ich versichere, das kleine Restchen Garten verbarg nicht weniger Abenteuer und schöne Erinnerungen als das größte und älteste Rittergut. An jedem kleinen Stein haftete eine Erinnerung, und die alte Frau lachte und jubelte bald wie ein Kind, das seine kostbaren Schätze austeilt, bald versank sie wieder in Gedanken.

Wieder sitzen wir drinnen in der Stube. In ihrer Kammer standen zwei Betten. Das eine, das solle ich nicht vergessen, sei jederzeit bereit, mich als willkommenen Gast aufzunehmen. Ich war tief ergriffen und dankte ihr warm.

Sie erzählte, was der Großvater gesagt hatte, als sie und ihr zukünftiger Mann gekommen waren, um die Papiere für die Hochzeit in Ordnung zu bringen (der Mann war taub): daß es nicht so leicht sein möchte, wenn der eine taub sei. Sie hatten beide auf den Boden geschaut, aber daraufhin hatte er den

Kopf gehoben, sie angeschaut und erwidert: »Ja, aber wir haben einander so gern.« Da hatte der Pfarrer gelächelt und gesagt, daß es dann auch gutgehen müsse.

Sie fiel ein wenig in Gedanken, sah dann zum Fenster hinaus und sagte: »Wenn sie weggegangen sind, so sind sie nun weg.« Es war, als ob sie ein wenig mit Gott und dem Schicksal rechten wollte, aber dann erhellte sich ihr Gesicht ein wenig, und sie sagte: »Gott sei gelobt, daß wir die Erinnerungen haben.«

Plötzlich faltete sie die Hände und begann, mit der ganzen Inbrunst ihres Herzens zu beten. Sie betete für unser liebes Dänemark, betete für die dänischen Seeleute, betete für die Meinen und betete für mich. Als sie geendet hatte und mit ihren alten Augen zu mir aufsah, sagte sie: »Es ist so dürftig, aber ich wollte etwas für Sie tun.«

Als ich ging, drückte sie meine Hand so fest, daß ich betroffen war, und sie wollte sie fast nicht loslassen. Die Tür klemmte, aber sie faßte sie am Griff und zog an ihr, daß ich bange war, sie würde sich ein Glied ausrenken, aber es schien, daß sie das gewohnt war.

Als ich hinauskam auf den Weg und gegen die Station ging, dachte ich an sie. Ich war so bewegt, wie ich es nur selten zuvor gewesen war. Ich dachte an den kleinen Weihnachtsbaum, der noch in ihrer Stube stand, und ich wußte, daß sie mit dem kleinen Baum versuchte, die Zeit ein wenig festzuhalten, die sie unbarmherzig dem Tod entgegenführt. Ich fühlte, daß jede Minute so durchlebt werden sollte, als ob es die erste und die letzte wäre. Wir Junge sind dem Ewigen nahe, ohne daß wir es ahnen. Das Leben ist ein ewiger Abschied; die jungen Menschen leben so sicher dahin, sicher in dem tiefen Gefühl, das ganze Leben noch vor sich zu haben.

Grenå, den 29. Januar 1944

Ich habe mich damit unterhalten, herumzugehen und den Fischern zuzusehen, wie sie ihre Fische in die Hallen schleppen, es ist Abend und sehr dunkel. Der Hafen ist mit Gaslicht stark beleuchtet. Ich habe meine Seemannsjacke in Randers verloren. Ich habe an den großen Matador P.O. gedacht, und unwillkürlich habe ich ihn Zug um Zug mit A.H. verglichen* – beide von Grund auf große Krämerseelen. Sie haben das, was die bewunderten Engländer so stark macht, aber das ist nach meiner Meinung gleichbedeutend mit dem Verzicht auf das wahre Leben. Sie klammern sich an einen Meilenstein und wagen nicht, weiter zu gehen, aus Angst, das zu verlieren, was sie haben.

Rönne, den 2. Februar 1944

Auf der Fahrt hierher von Trelleborg – selbst während ich am Steuer stand und mit einem Schiff kämpfte, das sich im Meer wälzte, und mit einer Seekrankheit, die alles in mir aufzuwühlen suchte, fühlte ich das größte Glück beim Gedanken an die Briefe, die vielleicht in Rönne auf mich warteten. Der lebendige Mensch besteht aus all den Tausenden von Dingen, die er durch seine Sinne von so früh an aufgenommen hat, als er sich erinnern kann. Ein Haus, ja eine ganze Welt hat er aufgebaut, und hier lebt er glücklich, mit sich selbst zufrieden. Dann stößt er eines Tages auf etwas, für das er keinen Platz hat in seiner Welt, sei es ein Gedanke, ein Wunsch oder etwas, das er im Blick eines anderen Menschen erlebt hat. In einem solchen Fall empfindet das Tier Angst, der Mensch, wenn er ein lebendiger Mensch ist, fühlt plötzlich die Ewigkeit – allen Banden zum Trotz, die ihn an seine Welt binden.

Rönne, den 7. Februar 1944

Ich war gestern, am Sonntag, zusammen mit dem Koch oben, um Ekkodalen und Rytterknaegten anzusehen. Es war lustig, mit ihm zusammenzusein, dem kleinen Strolch. Wir gingen

* Die Initialen stehen für zwei dänische Industrielle, deren volle Namen nicht genannt werden sollen.

6 km weit auf der Landstraße und kletterten in den Klippen herum, bis die Sonne unterging, und dann machten wir den größten Teil des Rückwegs im Laufschritt. Das Wetter war großartig mit glänzendem Frost und einer dünnen Schicht Schnee. Zwei richtige Landstreicher. Der eine lang, der andere klein. Der eine langbärtig, der andere schmutzig, und alle beide in geflickten Jacken mit heraufgezogenem Kragen – ein wenig blau um die Nase von der Kälte. So wateten wir auf der Landstraße vorwärts. Als wir 5 Minuten unterwegs waren, brach der Koch mit spähenden Blicken aus: »Kommt nicht bald ein Bäcker?« – und zwei Minuten nachher: »Ich sterbe, wenn ich nicht bald zu einem Bäcker komme.« Wir begegneten einem jungen Paar. Wir überraschten sie, als er eben im Begriff war, sie mit Schnee zu waschen. Sie lachte albern gegen uns hin – er richtete den Rücken auf und sah feindselig aus. Der Koch klagte während des ganzen Ausflugs über Hunger und die Ungerechtigkeit, daß wir keinen Bäcker fanden. Dann bestellten wir im Bahnhotel von Åkirkeby zwei Portionen Ragout. Hier fielen seine Augen auf den Aschenbecher und das Salznäpfchen, und er wollte sie absolut mitnehmen, aber als das Mädchen hereinkam, um zu bedienen, vergaß er es ganz, um dazusitzen und es anzuglotzen und in der Nase zu bohren.

Sönderborg, den 17. Februar 1944

Wie ist das Leben wunderbar, wenn man es bloß leben will.

Zwei junge Menschen laufen Hand in Hand am Strand entlang. Sie zwitschern und singen, und alles ist lauter Jubel in der Welt, in der sie leben. Mitunter fühlen sie mit all der Weisheit des Weisen, daß sie hoch über allem stehen, daß nichts sich mit ihnen messen, daß keiner sie beurteilen oder würdigen kann, so hoch schweben sie, so frei sind sie.

Wir wollen so leben, daß wir ohne mit den Augen zu blinzeln auf unser Leben zurückschauen dürfen – fürchtet man sich, so weiß man, daß man verschwenderisch ist und das wunderbare Leben im Sande verrinnen läßt. Ist man reich und stark, so ist es das Leben, die Gegenwart und die Zukunft, die einen ergreifen und erfüllen, und die Erinnerungen sind bloß ein Lohn. Wir jagen vorwärts, gerade hinein in die Arme des Todes, aber ohne Furcht, denn da ist nichts, was wir anders wünschten.

Laß Dich nicht abschrecken, daß Du keine Ahnung hast, was Du an dem Tag tun willst, wenn Du mit den akademischen Kursen fertig bist. – Schreite Du ruhig weiter und halte die Augen offen, achte auf alle die kleinen Wunder, die sich vor Dir entfalten, und sieh, am Weg liegt ein Haus von solcher Schönheit, daß Du fühlst, da mußt Du eintreten, das mußt Du untersuchen und kennenlernen. Du pochst an und wartest mit klopfendem Herzen. Die Tür wird langsam geöffnet, und vor Dir steht ein Alter und empfängt Dich mit einem freundlichen Blick. Nicht fünf Minuten bist Du dagewesen, so scheint Dir schon, daß Du es Dein ganzes Leben lang gekannt und daß Du immer schon hier gelebt hast. Schon höre ich Deine frohe Stimme lachen und plaudern mit denen da drinnen in dem mir unbekannten Haus. Hanne, gehst Du hinaus auf die Landstraße, so wäre es dumm von Dir, Dir Sorgen zu machen, ob Du auch ein Haus finden kannst, das so und so ist. Geht man auf eine Wanderung, so tut man das wohl nur, um einzusaugen, zu entdecken und auszukundschaften – geh Du nun geradeaus, bis Du die Studentenmütze auf Dein Mädchenhaupt setzen kannst, und laß uns dann zu der Zeit davon reden, ob die letzte Wegbiegung nicht ein Haus enthüllt.

Mommark, den 19. Februar 1944

Heute habe ich den Mittelfinger meiner linken Hand eingeklemmt, nun schmerzt, zuckt und brennt es unleidlich in ihm. Ich habe zu lesen versucht. Es war unmöglich. Es war, als ob meine ganze Seele sich draußen im äußersten Glied eines zuckenden Fingers sammelte. Ich klemmte ihn ein zwischen

Luke und Lukerahmen, ich hatte sehr kalte Finger und empfand keinen besonders großen Schmerz. Aber als ich hinunter in die Wärme kam, begann das Leiden. Das Eintauchen des Fingers in warmes Wasser rief einen Schmerz hervor, der durch Mark und Bein ging, und seither bin ich auf und ab gewandert, und wieder auf und ab, so ungeduldig, wie man es nur sein kann, wenn die Schmerzen einen umtreiben. Nun liege ich in der Koje. Die andern schlafen. Ich liege da und beiße die Zähne zusammen, mit dem Radio und mit dem Licht spielend, nehme aber kaum etwas anderes wahr als einen blauen Finger, der alle meine Gefühle gefangengenommen hat. Ich wende und drehe mich und greife zur Feder und versuche, mir damit ein wenig die Zeit zu vertreiben, aber es will mir kaum gelingen.

Mommark, den 20. Februar 1944

Du kleines Mädchen am Telephon – vor einer halben Stunde erklang Deine Stimme in meinen Ohren. Ich ging hier herunter, um mit meiner kleinen Schwester zu telephonieren und sie zu beglückwünschen. Es fing an, dunkel zu werden, und ich hoffte, daß ich vielleicht auch mit Dir ein Wort tauschen könnte. Ich ging zum Bahnhof, aber da war keine menschliche Seele. Ich tastete herum, um den Kontakt zu finden, konnte ihn nicht finden, fand die Verdunkelungsvorrichtung und entfernte sie, aber die Telephonkabine war geschlossen.

So wanderte ich hinaus aufs Land und geradewegs in einen Kuhstall und fragte einen der Knechte, ob ich da wohl telephonieren könne. Er wies mich hinüber zum Wohnhaus. Ich klopfte an, klopfte noch einmal, und dann kam eine junge Frau und schloß mir auf. Ich brachte mein Anliegen vor und wurde ins Speisezimmer eingelassen, wo für drei Personen gedeckt war – es war niemand in der Stube. Ich bestellte mein Gespräch und setzte mich, um zu warten, und hatte keine Ahnung, in welche Verlegenheit ich Dich und mich bringen sollte. – Der Hofbesitzer kam herein und schaltete das Radio ein. Die Frau und sicher ein jüngerer Bruder traten herein und setzten sich zum Essen.

Noch war ich ganz ruhig und im Gleichgewicht. Es dauerte lange, bis ich Ruth bekam, und ich hatte keine Ahnung, was ich zu ihr sagen sollte. Dann bat ich um Hanne. Du standest dort mit dem Hörer in der Hand, und sie saßen allesamt da und schauten auf Dich, um zu sehen, wie Du reagieren würdest – und das war mehr, als ein kleines, befangenes Mädchenherz ertragen konnte. Du sprachst mit ihnen, um Dich nicht zu verraten, und sagtest nichts zu mir – und am anderen Ende stand ein ebenso törichtes Menschenkind in einer großen Bauernstube und fühlte auch nur den Drang wegzukommen. Dann war ich gedankenlos, denn als Du uns helfen wolltest und fragtest, ob ich wieder mit Ruth sprechen wolle, fragte ich, ob Du nur dran dächtest, den Hörer loszuwerden. Du Kleines, ich wollte es nicht noch schlimmer für Dich machen – es war nur eine Neckerei, aber nach wie vor war ich ganz ruhig. Wir machten Schluß, ich bezahlte, entschuldigte mich wegen der Ungelegenheit und ging hinaus. Die Frau folgte höflich mit und zündete das Licht an, und dann stand ich in der Dunkelheit mitten in einem dänischen Bauernhof – noch mit dem Widerhall Deiner Stimme mit ihrer Unruhe in meinem Innern. Du begreifst mich vielleicht besser, wenn ich Dir erzähle, daß ich die zwei Kilometer hinunter zum Schiff so wild und stark gelaufen bin, als ich nur vermochte.

Unterwegs von Svendborg nach Randers,
den 24. Februar 1944

Wir fuhren heute morgen und kamen gegen Mittag nach Svendborg. Wir waren oben, um mit dem Reeder zu reden, weil er verlangt hatte, daß wir die Wache übernehmen sollten, ohne dafür mehr zu bekommen.

Wir kamen in sein Kontor, wo er an seinem Schreibtisch saß mit seinem Gehilfen an seiner Seite. Ich legte ihm unser

Anliegen dar. Er zog das Seegesetz hervor, das er so hübsch bei der Hand hatte, und las daraus vor, daß man das verlangen könne. Dann erklärte er uns, wie notwendig es für uns sei, uns gegen Diebstahl usw. usw. zu sichern. Ich erwiderte entgegenkommend, daß wir das sehr gut verstünden, daß wir aber auch erwarteten, dafür etwas mehr zu bekommen. Ja aber, sie könnten sich doch nicht herausnehmen, an der Anheuerungsfrage zu rütteln, weil das Veränderungen auf der ganzen Linie zur Folge hätte. Und dabei beharrte er. Darauf kam ein Telephonanruf, ein recht interessanter. Die »Lenskov« sei gestern bei Fehmarn durch eine Minenexplosion gesunken. »Glücklicherweise kam die Besatzung gut davon, aber ärgerlich genug ist es, daß seine Kriegsversicherung nicht höher war.« Was bedeutete wohl für ihn am meisten? Endlich bot er uns 5 Kronen mehr im Monat.

Den 6. März 1944

Montag morgen draußen vor Travemünde. Meeresstille, Mondschein. Eines Tages hatte der Koch gesagt, daß er wohl eine Seite in mein Tagebuch schreiben könnte. Als vor ein paar Tagen er und Mogens von ihren ersten Eindrücken von mir erzählten, nahm ich den Koch beim Wort und schlug ihm vor, das hineinzuschreiben. Er fühlte sich anscheinend ein wenig überrumpelt, ging aber darauf ein. Hier ist das Resultat:

Wir sollten den Leichtmatrosen in Randers auswechseln. Es ist an Bord eines Schiffes ja immer ein wenig Spannend zu sehen, was das für ein Bums ist, der da kommt. Wir erfuhren vom Schiffer, daß er heut abend kommt. Ich stand unten im Mannschaftsraum mit meinen andern Kammeraten. Da kamen ein Par Füsse so große und ein Par Beine so Lange, daß man gut glauben konnte, daß es ein Trugbild wäre. Der Mannschaftsraum, den wir hatten, war groß, aber für ihn nicht groß genug. Ich ging ihm gerade bis zur Armhöhle, wenn ich auf die Zähen stand.

In den ersten Tagen schauten wir Auf ihn wo wir gingen. Uns schien das eine Merkwürdige Schnecke zu sein die wir da sahen. Mein Kammerat und ich dachten Bloss er könnte wieder an Land kommen, denn mit solch einem Monstrum wäre nicht gut zu tun zu haben. Aber als wir vierzehn Tage mit ihm zusammen Gearbeitet hatten bekamen wir einen Ganz andern eindruck von ihm. Wir fingen an mit ihm zu reden und ich glaube ganz Bestimmt, daß er mit der Zeit noch einmal ein kluger Mann Werden wird.

Zur Erinnerung an deinen Alten Kammerat Fanö.
Denk an dich selbst, wenn du 50 Jahre wirst.

Lübeck, den 7. März 1944

Ich bin an Land gewesen heute abend. Auf dem Hafendamm lagen auf einem großen Haufen die Wracks all der dänischen Sportmaschinen, die die Deutschen draußen in Kastrup gestohlen haben. Es war empörend zu sehen, in welcher Art und Weise sie behandelt worden sind. Sie werden nur das Material brauchen und haben gar kein Interesse an den Maschinen selbst und haben sie deshalb über- und ineinanderfallen lassen, als ob es eine Ladung Kohlen wäre, und nun liegen sie da mit ihren kleinen Danebrogsfähnchen, geradezu als ob sie uns anriefen.

Ich habe heute mit verschiedenen Deutschen gesprochen. Der erste ein großer und flotter Werkmeister, hübscher als die meisten Deutschen mit diesen blauen, etwas harten Augen, die in Wirklichkeit oft die Dummheit verdecken. Er war unverschämt, wie viele Deutsche es sind, und in einer so aufdringlichen Art, daß es sehr unangenehm auf mich wirkte, aber die andern konnten ihm nicht richtig widerstehen. Er kam herunter, während wir am Kaffeetrinken waren, um etwas auszurichten. Er fragte, ob mehr Kaffee da wäre. Typisch dänisch – »Na, was, laßt ihm eine Tasse zukommen.« Als er eine Tasse bekommen hatte, ging er zum Tisch und strich sich nicht nur ein, sondern zwei Stück Butterbrot. Ich hätte ihn umbringen können. Ich erklärte ihm sehr eindringlich, daß es nun nicht mehr lange währen würde, bis er für Rußland arbeiten müßte. Er war daran, ganz aufgeregt darüber zu werden, aber zu seinen Gunsten muß doch gesagt sein, daß er – als er einen Offizier gewahr wurde, der einige Schritte von uns entfernt stand – mir einen warnenden Blick zuwarf.

Der nächste war ein deutscher Soldat. Es kam ein Russe zu ihm hin, und ich sah, daß ein milder Ausdruck in seine Augen kam. Sie begannen ein Gespräch. Es erwies sich, daß der Soldat während des letzten Krieges Kriegsgefangener in Rußland war und daß er es dort gut gehabt hatte. Der Russe war hungrig. Er zeigte auf seinen Magen und sah uns an mit seinen schiefen, braunen Augen, die uns so ausdruckslos vorkommen. Mogens ging hinunter und holte ein halbes Schwarzbrot und ein Viertelpfund Butter und gab ihm das. Der Soldat sah den Russen freundlich an und sagte: »Nun bist du ein Millionär« – und wie strahlte das Glück aus diesem unverständlichen Gesicht. Mir wurde so warm, denn ich wußte jetzt plötzlich etwas von diesem vor wenigen Sekunden noch so unverständlichen Wesen. Gleichzeitig beobachtete ich den Werkmeister. Er lächelte mitwissend und väterlich dazu, daß der Russe ein halbes Schwarzbrot erhalten sollte, aber als er die Butter sah, wurden seine Augen krank. Du Übermensch, du Herrenvolk, der du dich herabwürdigst zur niedrigsten Mißgunst wegen eines Viertelpfundes Butter.

Später sprach ich mit dem Soldaten. Plötzlich rief die nächste Wache unten am Hafendamm: »Feind in Sicht.« Ich fragte verwundert, ob es die Engländer wären, obwohl es keinen Luftalarm gab. Er lächelte und schüttelte den Kopf. Es war die Gestapo, die sich näherte.

Er war ein schöner Typ, der Soldat, mager und ein wenig mitgenommen, aber mit Freundlichkeit und Liebe in seinem Blick. Als ich an Land ging, war es nur ein »Ausweis bitte«, und sein Blick hatte einen fernen Ausdruck, der deutlich zeigte, daß er viel zu diskret sei, um ihn näher zu untersuchen. Er glaubte daran, daß Deutschland siege, aber wenn man ihm dann bewies, daß Deutschland den Krieg verloren habe, so lachte er und dachte nicht mehr daran. Er meinte, daß England am Ende sei – denn, wie er mit einer hinstreichenden Beschreibung seiner Hand zeigte, die Deutschen würden dort ein großes Loch machen, wo England liege, und in diesem Loch würde England verschwinden.

Heute abend sprach ich mit einem österreichischen Gastwirt. Er flammte von Haß gegen die Deutschen, er streckte sein Gesicht ganz nahe zu dem meinen. Das Weiße in seinen Augen trat hervor, und er zischte all seinen Haß heraus. Es schüttelte ihn nur so, bloß weil er endlich einmal den aufgespeicherten Gefühlen Luft machen konnte. Merkwürdig war es dann zu sehen, wie furchtsam er wurde, als plötzlich noch eine Wache hinzutrat.

In der Stadt sind genau dieselben Plakate auf allen Säulen. Eines stellt einen Bahnhof vor voll von fröhlichen Deutschen. Alles ist von oben gesehen. Über dem Ganzen aber ruht ein schwerer Schatten von einem Mann in einem langen Mantel. Darunter steht mit großen Buchstaben: »Der Feind hört mit.«* Zwei Plakate predigen Sparsamkeit. Und das letzte hat den stärksten Eindruck auf mich gemacht. Es zeigt ein widerwärtiges Gesicht, das einen aus einem Handspiegel heraus anschaut. Das Gesicht ist mit einem geschmacklosen und widerlichen Ausdruck versehen, der ein wenig an den einer Ratte erinnert, und aus dem Plakat ragt förmlich heraus – eine Judennase. Unter dem Bild steht: »Schau dich selbst im Spiegel an. Bist du es, oder bist du es nicht?«* – Es wurde mir plötzlich klar, wie morsch ein Volk sein muß, wenn es nicht stark gegen so etwas reagiert. Die Deutschen sind heute wie eine reife Frucht, die angestochen ist. Sie ist angestochen worden, und nun ist die Fäulnis schon bis ganz an die Oberfläche vorgedrungen.

* So deutsch im Original.

Stettin, Didier-Fabrik, den 11. April 1944

Wir kamen bis zum Freihafen und lagen dort einen Tag. Dann verholten* wir quer durch die Stadt hier heraus.

Was ich seither erlebt habe, ist so unermeßlich, daß ich es nicht zu beschreiben vermag. Würde ich es tun, müßte ich auf dem Papier alle Schattierungen des russischen, polnischen, französischen und des deutschen Volkes heraufbeschwören.

Ich müßte schildern, was für ein Ton in einem Arbeitslager herrscht. Wie man fühlt, wenn man strammsteht zwischen einer Reihe Russen und sich benimmt, als ob man einer von ihnen wäre. Wie man empfindet, wenn man in einem solchen Lager sich unter das Bett wirft, wenn die deutsche Wache kommt. Als Mittelpunkt zwischen einer Menge von Gefangenen zu sitzen, ihren Tänzen zuzusehen und ihre Gesänge anzuhören, den Kopf zwischen die Beine herunterzuducken und sich zum Russen zu machen, wenn die Wache kommt. Die Bomben über die Stadt fallen zu sehen, leere Ruinen zu sehen, so weit das Auge reicht – die Russen aus einem Loch in den Ruinen auftauchen, um sie im gleichen Augenblick bei einem neuen Krachen verschwinden zu sehen. In eine öde, bombardierte Kirche hineinzugehen, einsam in dem großen Raum herumzuwandern. In klirrenden Glasscherben, auf den herrlichen, buntfarbigen Mosaiktrümmern zu wandern. Ein wenig in einem Psalmenbuch zu blättern. Im großen Raum einer Ruine zu sitzen, umgeben von einem halben Hundert Polen, und unter ihnen ein Gesicht, für das man sofort eine Schwäche fühlt. Wir sprechen über Jesus, über Sokrates, über die Deutschen und über die Russen. Einer Strafexekution an einem Russen mit einer meterlangen Eisenstange zuzusehen.

Swinemünde, den 12. April 1944

Ich traf einen jungen polnischen Studenten und war verblüfft darüber, wieviel wir gemeinsam hatten. Und es fiel mir auf,

* Verholen: das Schiff an Tauen zum Anlegeplatz ziehen

daß die kleinen Länder ihre Berechtigung vielleicht in ihrem unparteiischeren wissenschaftlichen Blick für die großen und kleinen politischen Fragen haben. Ich war jeden Abend bei ihm in dem Raum, wo er mit 30 andern zusammenlebt. Er erinnerte an die Kasematten auf Kronborg. Nur war hier an der Decke eine sehr starke elektrische Birne angebracht.

Nun, um mit einem Ende zu beginnen: Wir verholten am Samstag hinaus unter allen vier Brücken durch, wir fuhren durch Stettin in dem herrlichen Sonnenschein. Der Frühling hing in der Luft.

Träge stehen wir da und betrachten das Panorama, das langsam an unserem Gesichtsfeld vorbeizieht. Von einem mächtigen Haus steht nur noch eine Mauer. Da liegt eine Boje, und dort noch eine, und was steht auf ihr geschrieben? Wrack. Das wirkt merkwürdig. Ein Wrack hier mitten im Hafen. Dort verschwindet ein Straßenbahnwagen hinter einem ungeheuren Haufen Mauersteine. Dort flattert ein Vorhang aus einem Loch heraus in einer Mauer. Wir liegen lange still und warten darauf, durch die Eisenbahnbrücke zu kommen. Die Sonne sticht ein wenig. Ich liege und döse auf der Luke. An einer Stelle ist ein Haus zur Hälfte in den Hafen heruntergefallen. Man kann sehen, daß sie hellblaue Tapeten mit kleinen Blumen darauf gehabt haben. Wie viele schöne Gebäude und Kirchen gibt es aber auch da.

Plötzlich machten wir eine Drehung quer zum Fluß und setzten den Kurs gegen etwas hin fort, das mehr einem Graben als einem Kanal ähnlich sah. Wir schlüpften in ihn hinein, und es zeigte sich, daß er akkurat breit genug war, daß wir hindurchfahren konnten. Vor dem Ausgang des Kanals lag ein sehr großer Platz: die Didier-Fabrik. Nur Ruinen waren davon zurückgeblieben. Wir sollten feuerfeste Steine haben. Es waren nicht einmal so viele übriggeblieben, daß wir die volle Ladung bekommen konnten. Auf der Südseite des Kanals, mitten zwischen einer Menge Ruinen, stand eine lange Maschinenhalle. Auf der Nordseite stand eine zweite, teilweise in Ruinen. Das will heißen, daß ich fünf Tage lang dort war, bevor mir aufging, daß es nicht bloß eine Ruine war. Am Ostermorgen ging ich ein wenig herum, und drinnen hinter der Fabrik fand ich ein kleines Viereck, mit Stacheldraht abgesperrt. Es erinnerte an einen Hundezwinger. Hier standen einige russische Kriegsgefangene und wuschen ihr elendes Zeug. Ich sprach mit ihnen. Sie streckten sogleich zur Begrüßung ihre Hände durch die Gittermaschen heraus. Sofort bekam ich eine Schwäche für sie. Ich holte ein paar Strümpfe und eine Jacke und gab sie einem großen, gutmütigen Kerl, der ihr Führer zu sein schien. Er war stark wie ein Bär und kindlich wie die wenigsten. Er war froh über das, was er bekam, und zehn Minuten nachher sah ich ihn mit meinen Strümpfen angetan entzückt herumstolzieren. Aber ich bin sicher, daß er es eine Viertelstunde später vollkommen vergessen hat.

Am Nachmittag schlichen der Koch und ich uns hinein zu ihnen und auf gleiche Weise mit hinauf in ihr Quartier. Eine Eisentreppe von der Art einer Brandleiter führte außen hinauf über die Maschinenhalle. Hier wohnten sie in drei Räumen – 30 bis 40 Stück in jedem – es erinnerte sehr an einen Pferdestall.

Sie hatten ihre Kojen selbst gebaut, je zwei übereinander. Matratzen gibt es nicht, aber Holzwolle und zwei Decken für jeden. Ihre Kost besteht in zwei Schwarzbroten in der Woche (deutsch, das sättigt nicht), 400 Gramm Margarine im Monat, 1 Pfund Kartoffeln am Tag, 1 Pfund Zucker im Monat und ganz wenig Kohl. Nichts anderes. Einmal dazwischen bekamen sie ein wenig Fisch, doch war das vor zwei Monaten. Ich konnte nicht begreifen, wie sie davon leben konnten – und dann kam die Wahrheit auch heraus, daß sie vom Öl lebten, das sie in einer Fabrik stahlen, wo einige von ihnen arbeiteten. Allesamt waren sie dabei, Sonnenblumensamen zu knabbern. Das Öl wurde daraus gewonnen. Es war rührend zu sehen, wie eifrig sie waren, auch uns davon zu geben. Der Große bot uns Bier an (davon bekamen sie soviel, als sie trinken konnten).

Es waren Knaben von 14–15 Jahren da, die man in der

Ukraine zum Arbeitsdienst genommen hatte. Zehn wohnten unten in einem kleinen Haus, das einer unserer Waschküchen ähnlich sah. Ich ging hinein, sprach mit ihnen und sah ihnen beim Essen zu. Als ich ungefähr eine Stunde lang dagewesen war, wollte ich fortgehen. Ich erhob mich, während sie alle beim Essen saßen. Einer hob den Kopf und bat mich, mich wieder zu setzen. Er hatte große, blaue Augen. Ich sah ihn verwundert an und fragte einfältig: »Warum?« Er senkte den Blick und sagte verlegen: »Du bist doch ein Kamerad.« Er stopfte eine Flasche in meine Innentasche hinein, eine Flasche mit Öl – ich konnte es nicht übers Herz bringen, nein zu sagen. Dann saß ich mitten in den Ruinen auf einigem Schutt. Sie bildeten einen Kreis um mich. Einer erschien mit einem Banjo, an dem zwei Seiten fehlten, aber er spielte trotzdem blendend. Sie sangen mit den schönsten, rein und voll tönenden Stimmen. Der Spielmann war klein und schaute sehr finster drein, und die andern hatten großen Respekt vor ihm. Er war recht zart gebaut, hatte aber eine schlanke, biegsame Gestalt. Sein Gesicht war sehr verbissen, dennoch gelang es mir einmal, seinen Augen ein Lächeln zu entlocken. Dann zog er, der gerade vor mir stand, sich ein wenig zurück, so daß dort ein kleiner, freier Fleck entstand. Hier begannen sie nun zu tanzen. Sie tanzten alle ihre russischen Tänze vor mir. Das ging so vor sich, daß einer einen Einführungstanz zu tanzen anfing. Er schloß mit einer auffordernden Bewegung vor einem der andern. Dieser war ein wenig verlegen, konnte aber die Aufforderung nicht ablehnen. Langsam kam er heraus aus dem Ring, mit dem Daumen in den Taschen, und begann ein wenig verlegen zu tanzen, aber schnell – sehr schnell wurde er mitgerissen, nun tanzte er mit Leib und Seele, mit roten Wangen und in die Hände klatschend.

Als sein Tanz geendet hatte, wurde wieder der Einführungstanz getanzt, und ein Neuer mußte heraus. Der Große tanzte auch. Erst wollte er nicht anfangen, aber dann ertönte ein Schlag auf das Banjo, und Iwan, dieser große, dem Ansehen nach dicke Junge, fing an, mit ausgebreiteten Armen sich langsam um sich selbst zu drehen. Dann begann der eigentliche Tanz, und zu meiner Verblüffung sah ich, daß er kein großer, dicker Junge, sondern wie eine Stahlfeder war. Ich dachte daran, wie gesund es wäre, wenn wir unter uns Jungen Tänze hätten, die wir voreinander tanzen würden, so daß alle an der gemeinsamen Unterhaltung sich beteiligen würden und nicht nur der Beste sich der Kritik der Geringeren aussetzte.

In den Tagen, als wir dort lagen, spielten, sangen und tanzten sie jede zweite Minute. Während ich mit dem Koch oben bei ihnen war, wurde die Wache gemeldet. Wir mischten uns unter die andern. Sie sollten kommen und arbeiten (Ostersonntag), helfen, ein am Versinken befindliches Boot wieder flott zu machen. Wir kamen zwischen ihnen hinunter, ohne bemerkt zu werden. Iwan ging hinter den Ruinen herum. Er sollte hinunter zu den zehn, von denen ich früher sprach. Hier wartete irgendeine Frau auf ihn. »Es ist strengstens verboten.« Ich sah plötzlich die Wache schnell und ein wenig steifbeinig herbeilaufen – eben kam er dazu, Iwan zu sehen. »Komm doch hierher, Mensch«, brüllte er. Aber Iwan glaubte nicht, daß er gesehen worden sei, so duckte er sich zwischen den Ruinen herunter und schlich so hinaus zu den Kameraden. Der Deutsche kam gelaufen und schlug ihn mit der Faust mitten ins Gesicht. »Was machst du da?« schlug wieder und wieder, während der andere sich mit den Händen wehrte, so gut er konnte. Der Deutsche steigerte sich mehr und mehr in seine Wut. Plötzlich sprang er hin und ergriff eine Eisenstange, so schwer wie ein Kuhbein und doppelt so lang, und fing an, damit auf den unglücklichen Menschen loszudreschen. Ich glaubte, er wollte ihn totschlagen. Das war mehr, als wir ansehen und ertragen konnten. Wir sprangen dazwischen, und obwohl der Deutsche fürchterlich schimpfte, wurde er durch unser Auftreten mächtig unsicher. Gleich nachher sah ich ihn einen Taschenspiegel aus der Tasche hervorziehen, sich darin beschauen – eine Haarsträhne ein wenig zurechtrichten und weitergehen.

Den 15. April 1944

Nachher machten der Koch und ich einen Gang mitten durch die Stadt, beide in Arbeitskleidern und ich sogar noch in Binsenschuhen. Als wir zurückkamen, stellte uns die deutsche Wache und fragte, was wir uns einbildeten, in dem Aufzug in der Stadt Stettin herumzuspazieren. Ich antwortete nicht, sondern reichte ihm meinen Ausweis, als ob ich glaubte, daß es dieses war, was er verlangte. Als wir durch das Lager herunterkamen, stand eine ganze Gruppe Russen beisammen und unterhielt sich. Der Hund der Wache war mir wedelnd nachgegangen. Einer von ihnen griff roh nach dem Hund, und bevor ich seine Absicht ahnen konnte, hatte er ihn hoch empor in die Luft geschleudert. Ein anderer gab dem armen, sich flüchtenden Tier einen Fußtritt, als es wieder heruntergekommen war. Ich fragte, warum sie das täten, und sie gaben die einleuchtende Antwort: »Er gehört dem Wachtmeister.«

Wieder war ich oben in der Stadt, von der ein großer Teil in Trümmern liegt. Es berührte merkwürdig, im heißen Sonnenschein ein wenig auf einer Bank zu sitzen und vor lauter aufgestapelten Backsteinen doch keine vorbeifahrenden Straßenbahnwagen sehen zu können. Es kamen zwei Paare und setzten sich auf die Bank. Ich saß da und beobachtete sie, und zum erstenmal ging mir auf und gab es mir einen Stich, in wie hohem Grad das Verhältnis zwischen Mann und Frau durch die viele Propaganda für die Züchtung vergröbert worden ist. Der polnische Student fiel mir wieder ein. Wir hatten über die Frau gesprochen. Er – und offenbar die oberen Klassen in Polen – haben eine äußerst romantische Auffassung von der Frau. Darin waren wir einig, daß die Behandlung der Frau und die Auffassung von ihr durch die Deutschen widerwärtig sind. Er führte ein paar Beobachtungen an, die ihn kennzeichnen. Er erzählte, daß jeden Tag zur Mittagszeit die Frau von einem der Deutschen (einem Arbeiter) vorbeikäme, und daß die andern Deutschen, geradeheraus gesagt, dastanden und pißten, ohne sich zu genieren oder im geringsten Rücksicht auf sie zu nehmen. Und dann sagte er: »Hier in

Deutschland sieht man auf den Plakaten immer ›*Männer* und Frauen‹ – bei uns sagt man ›*Frauen* und Männer‹.« Wir sprachen von den je nach den Nationen verschiedenen Auffassungen von der Frau. Der Engländer sieht auf die Frau als auf etwas Unantastbares – der Franzose als Gleichgestellte, der Amerikaner als Kameraden und der jetzige Deutsche als Zuchttier.

Auf dem Heimweg traf ich die zwei andern. Der Koch und ich nahmen die Straßenbahn. Wir standen auf der vorderen Plattform im hintersten Wagen. Auf der hinteren Plattform des vorderen standen zwei Hitlerjungen von etwa 10 Jahren. Ich beobachtete sie. Im selben Augenblick ballte der eine kleine Knirps die Fäuste. Offensichtlich war er wie versteinert, daß dies bei uns nur ein Lächeln hervorrief. Er starrte mich wütend an, aber als ich mich nur noch mehr über ihn amüsierte, schien ihn das zu lähmen. Er schlug die Augen nieder, stierte aber zu wiederholten Malen wieder wütend auf mich. Als wir absprangen, drückte er das Gesicht gegen die Scheibe und schüttelte hitzig und drohend seine kleine geballte Faust gegen uns.

Am Mittwoch hatten wir den ersten Bombenangriff mitten am Tag. Die Sonne strahlte, und am blauen Himmel waren nur vereinzelte weiße Wolken. Es wurde Alarm gegeben. Wir sahen die Russen davonstürmen, ihre armseligen Habseligkeiten zu holen. Sie kamen mit ihren Decken, Stiefeln und Schuhen und lagerten sich rund um den Eingang zur Erdgrotte, die ihnen als Schutzraum dient. Wir hörten die Maschinen kommen. Sie flogen nicht so sehr hoch. Mitten über der Stadt begannen sie in großen Kreisen zu steigen – sie stiegen und stiegen bis ins Unendliche. Hinter jeder Maschine gab es einen langen Nebelstreif. Zuletzt waren sie so hoch gestiegen, daß man nur noch die gleichgerichteten Nebelstreifen in der klaren Luft sehen konnte, die sich in das Herz Deutschlands hineinbohrten. Es war eine Stunde lang ruhig. Dann kamen sie in einer Höhe von drei bis vier Kilometern zurück – eine Formation hinter der andern. Die Flak tobte.

Ich stand im Innern einer großen Maschinenhalle, unter der sich der Luftschutzraum befand, und sprach mit einem jungen Franzosen, der eine spitze Nase und fast kein Kinn besaß. Er saß da und las in einem kleinen französisch-deutschen Wörterbuch. Sie schossen kräftiger.

Ich ging zum andern Ende des Gebäudes und stieg hinauf, um, wenn möglich, mit den Polen zu reden. Während ich unterwegs war, regnete es Splitter. Die Granaten explodierten zwischen den Maschinen, von denen eine Feuer fing, das aber binnen Sekunden gelöscht wurde. Eine Maschine wurde abgeschossen – sie wurde von einer Wolke verdeckt, so daß man nicht sehen konnte, wie sie getroffen wurde und herunterkam. Man sah nur, wie ein Nebelstreif sich von den andern löste und senkrecht auf die Erde herunterstieß. Das war doch wohl die Spur einer stürzenden Maschine. Fast gleichzeitig schossen aus mehreren Maschinen Rauchwolken heraus. Die Deutschen glaubten, Maschinen abgeschossen zu haben. Als man die Flugzeuge deutlicher beobachten konnte, sah man nur kleine Punkte mit unheimlicher Geschwindigkeit herunterstürzen, es mußten Spreng- oder Brandbomben sein.

Als wir wieder hinausfuhren, sahen wir mehrere Wracks im Hafen.

Den 20. April 1944

Von Korsör fuhr ich am Samstag über den Sonntag nach Kopenhagen. Hanne war am Bahnhof und war unendlich süß in all ihrer Freude. Ich wich davor ein wenig zurück, weil mein Gefühl so erfüllt war von all den vielen Eindrücken, die ich eben erst empfangen hatte. Ich war so in Anspruch genommen von dem, was ich erlebt hatte, daß ich mich davon nicht losreißen konnte. Diese Eindrücke beschwerten noch mein Gemüt, und erst am Sonntag begann es sich zu lichten, so daß ihr Wesen in das meine eindringen konnte.

Randers, den 23. April 1944

Nach unserem letzten Besuch in Deutschland ist ein Gefühl in mir entstanden, das an eine Enttäuschung erinnert. Ich hatte geglaubt, wir stünden einem Feind gegenüber, der stark, böse, grausam, berechnend usw. war – und dann sah ich überall, wo ich mich hinwandte, nur Flachheit und Dummheit. Es erinnert beinahe an die Hölle in Heibergs »Eine Seele nach dem Tode«. Ich glaube, es ist etwas daran, daß man so wird wie das Land, in dem man lebt. Ich vergesse nicht, was der polnische Student eines Tages erzählte, als er aus der Stadt zurückkam. Es wurde Luftalarm gegeben, während er mit der Straßenbahn fuhr. Eine dicke Frau brach in die Worte aus: »Welche Schuld haben wir, daß wir und unsere Stadt ganz zerstört werden sollen?« Er sah sie verächtlich an – »Ich bin Pole«, entgegnete er.

Lübeck, den 30. April 1944

... ich möchte wandern in ein fernes, unbekanntes Land und keinen andern Gedanken haben als wandern – wandern über unendliche Steppen, hinein in die Tiefe der Wälder und hinauf über hohe Berge in Sonne und Regen. Wandern Tausende von Meilen fort von allen Menschen – Du und ich. Wir gehen, und es regnet in Strömen. Wir sind durch und durch naß, und wir besitzen nichts anderes auf dieser Erde als einen guten Humor und einen gesunden Körper. Wir wandern fort, weit weg von jedermann, und wir laufen uns müde. Hast Du je von einem herrlicheren Abenteuer gehört – einem Abenteuer, das von Gesundheit und Feuchtigkeit dampft – und nach Menschenschweiß riecht.

Lübeck, den 7. Mai 1944

Liebe Nitte

Wir werden wohl heute morgen abfahren, so hier zum Schluß ein letztes kleines Wort mit auf den Weg.

Kannst Du Dich daran erinnern, daß ich einmal mit Dir besprechen kam, was wohl nach Deiner Meinung das Klügste für mich sei? Plötzlich fragtest Du – oder wurdest Dir klar darüber, daß ich mir denken könnte, als ein Mittelding zwischen einem Vagabunden und einem Bettelmönch rund um die ganze Welt zu wandern. Doch beeiltest Du Dich, mir vorzuhalten, daß es bestimmt für mich am gesündesten sein würde, als Seemann zu reisen, wo ich doch einen Rahmen hätte, nach dem ich mich einrichten müßte.

Aber Du, jeden Tag mehr wächst der Wunsch in mir – wie ein Zugvogel auf meinen bloßen Füßen rund um die ganze Welt zu wandern.

Im Gegensatz zu diesem wachsenden Wunsch entdeckte ich heute, daß meine Liebe zur See im Begriff ist, Wurzeln in mir zu schlagen. Schau, früher liebte ich dieses Leben, weil es mir Befriedigung brachte für eine Menge Wünsche, die in mir leben. Ich genoß die Freiheit, die ich fühlte, und ich genoß das Gefühl, nicht an die See an sich gebunden zu sein, und nun weiß ich heute plötzlich, daß ich ein Gefangener bin, daß das erste Band schon um mich gelegt ist.

Ich fühlte, daß ich an die See gebunden bin, daß sie in mir lebt. Das war seltsam und wirkte beunruhigend. Weit entfernt, ein Königsadler der Freiheit zu sein, fühlte ich, daß ich mit einer Welle tief und tiefer sank, bis ich ein kleiner Seemann war. Auf der See ist man entweder glücklich oder unglücklich. Ein Mittelding gibt es da nicht. Ich bin glücklich.

Ich lese viel in der Bibel und bin sehr gefesselt von ihr. Ich schreibe viele kleine Anmerkungen dazu auf, und vielleicht hast Du einmal Lust, ein wenig in sie hineinzusehen. Na, nun gute Nacht und Dank für dieses Mal.

Kim

Wir kamen dennoch nicht fort.

Es ist seltsam, hier herumzugehen, zu beobachten und mit den Deutschen zu reden. Vor ein paar Tagen sprach ich mit zweien. Ich erklärte meine Auffassung von ihrer Lage, und sie hörten interessiert zu, was sonst sehr selten ist, aber als wir zu einem bestimmten Punkt kamen, war es, als ob sie ihre Ohren verstopfen würden – das war, als ich ihnen erklärte, daß Deutschland am Ende sei, und daß das einzige, was Deutschland oben halte, sei, daß der Mann aus dem Volk immer noch glaube, daß Deutschland siegen werde. Ich versuchte, ein Loch in diesen Glauben zu schlagen, und plötzlich kam es: »Aber die Engländer wollen, daß wir das glauben sollen.« Sie wollen es nicht glauben oder darüber nachdenken, denn das ist es ja, wofür die englische Propaganda kämpft. Es ist freilich schwer, ihnen zu widersprechen, wenn sie diesen Standpunkt einnehmen. Ich hielt ihnen vor, daß trotz allem die Engländer vielleicht doch recht hätten, aber auf den Gedanken wollten sie gar nicht eingehen. Es ist wie bei einem Tier, das eine Falle gerochen hat und sich nicht in sie hineinlocken lassen will. »Rußland ist schon fertig«, hört man sie ohne mit den Wimpern zu zucken sagen. »Und wir warten nur auf viel mehr Streiks in England.«

Der eine erzählte, daß er einmal bombardiert worden war, dann fuhr er fort mit dem Ausspruch: »Wir Deutschen haben nur das Eine zu tun in dieser Welt – kämpfen und siegen. Laßt die Engländer nur soviel Bomben abwerfen, wie sie wollen. Wir können sie ertragen.«

Ich habe ein Pfund Tee an Dich gesandt. Gib die Hälfte an Mutter weiter. Ich habe keine Zeit gehabt, ihn auf Euch beide zu verteilen und einzeln einzupacken. Ich möchte sehr gern baldmöglichst hören, ob er gut ist.

Dein Kim

Aalborg, den 12. Mai 1944

Liebe Hanne

Gestern sah ich, wie die Leiche des Schiffsjungen, den die Deutschen erschossen hatten, an Bord der »Danebrog« übergeführt wurde. Es gab einen Voralarm, so daß alle Hafenarbeiter da waren. Seine Schiffskameraden empfingen den Sarg in ihren Arbeitskleidern. Sie benahmen sich dabei nicht anders, wie sie das bei ihrer täglichen Arbeit tun. Ruhig, sorgsam zurrten sie den Sarg auf der Großluke fest, legten alle Kränze und Blumen rundum und auf den mit dem Danebrog umhüllten Sarg. Der tiefe Ernst leuchtete aus all diesen jungen kraftvollen Gesichtern.

Alle dänischen Schiffe hatten die Flagge auf Halbmast, und es herrschte tiefe Stille. Auf den verschiedenen Gebäuden rundherum am Hafen glitten die Fahnen still auf Halbmast. Es war auch ergreifend, den Ernst in den Gesichtern der Arbeiter zu sehen und die hastige, ein wenig linkische Art, wie sie die Mütze vom Kopf nahmen, als der Sarg kam. Hingegen wirkte es widerwärtig auf mich zu sehen, wie einige beleibte Abgeordnete des Seemännervereins des Heimatortes an die vorderste Stelle kamen mit einem Danebrog, der so mit Jahreszahl, Vereinsnamen und Heimatort übermalt war, daß er am ehesten an ein Reklameschild erinnerte. Die drängten sich nach vorn im Bewußtsein ihrer eigenen ungeheuren und unentbehrlichen Bedeutung. Hinter ihnen kamen zwei Fahnenträger mit zwei richtigen kleinen Fahnenstangen, auf denen sie die Fahnen auf Halbmast setzten, als die Leiche an Bord geführt wurde, und wieder auf vollen, als sie an Bord war. Die Fahnenstangen waren nicht übermannshoch. Auf mich wirkte das sowohl lächerlich wie geschmacklos. Hinterher sah ich ein paar richtig wohlgenährte Matronen sich nach vorn drängen und einem dieser guten Bürger die Hand drücken. Er lachte »weltmännisch«, und sie tauschten eine Menge gleichgültige Bemerkungen aus.

Wie gerne hätte ich dieser Überführung der Leiche von den Arbeitern zu den Seeleuten beiwohnen mögen, wenn sie sich zwischen ihnen allein vollzogen hätte. An ihren ernsten Gesichtern und ihren die Mütze zerknüllenden Händen konnte man sehen, daß sie hier einem ihrer Kameraden das Geleit gaben, und daß das kein Reklameaufzug zu einem Jahrmarkt war.

Ich ging tief ergriffen an Bord und sah hier, wie der Schoner langsam vom Hafendamm hinausglitt in den Fjord mit der Flagge auf Halbmast. Auf der Luke sah man den dunkeln Umriß des Sarges, der mit einer Persenning umhüllt war.

Den 13. Mai 1944

Hanne, kannst Du mir etwas erklären? Kannst Du Dich erinnern, daß ich Dir erzählte, wie Ruth einmal durch den Bahnhof auf der Station Helsingör ging, und wie dort auf dem ganzen Boden Soldaten mit ihrem Gepäck lagen, so daß sie gezwungen war, über sie drüberzusteigen. Sie hatten sie am Kleid gezerrt und ihr nachgerufen. Sie hatte sie wütend angesehen und war – fester auf den Boden tretend – hinausgegangen auf den Bahnsteig. »Das hätte ich gern sehen mögen«, entfuhr es Dir mit einem Ausdruck in den Augen, der, wie ich weiß, sehr charakteristisch für die Frau in Dir ist (beides, der Ausdruck und der Ausbruch). So würde ein Mann nie reagiert haben. Ich verstand es nicht, und darum taucht es wohl jetzt nach so langer Zeit wieder in mir auf. Ich weiß nicht, ob es andern auch so geht. Aber Jahre nachher erinnere ich mich an irgendeine gleichgültige Bemerkung, die mir plötzlich in ihrer wahren Bedeutung klar wird. Ich finde plötzlich, daß der Ausdruck etwas ganz anderes aussagt, als in den Worten an sich selbst enthalten ist.

Aalborg, den 15. Mai 1944

Ich war gestern abend mit Berg im Kino. Er war total betrunken.

Wir saßen oben in einer der hintersten Reihen des Balkons. Plötzlich fing er an, ganz ohne Grund zu lachen. Er wandte sich zu mir, zeigte auf einen Mann, der in der Reihe vor uns saß, und sagte so laut, daß man es im ganzen Kino hören konnte: »Kim, das ist wohl ein sehr feiner Herr. Er hat, zum Teufel auch, einen weißen Kragen und alles, was dazugehört.«

Seine Stimme klang ein wenig glucksend. Plötzlich entdeckte er, daß auf der Leinwand etwas vor sich ging, und er brüllte: »Macht das Licht an, damit ich was sehen kann.« Das löste eine Lachsalve und einige Protestrufe beim Kinopublikum aus. Das reizte ihn, und er rief gutmütig zurück: »Ach, jetzt lacht mich doch nicht aus.« Und ohne Pause: »Du, Koch, spendierst du eine Flasche Branntwein, wenn wir an Bord kommen?« »Ich hab nichts mehr«, kam es im Flüsterton vom Koch zurück. »Das ist, der Teufel hol mich, eine Lüge«, gellte es aus dem Munde Bergs. Eine Dame hinter uns beschwerte sich. Er wandte sich um und erwiderte mit seiner liebenswürdigsten Stimme: »Ach Schwester, laß das doch, gib zu, daß es dir in Wirklichkeit gefällt.«

Plötzlich schaute er wieder auf die Leinwand. Es gab Reklame. In einer sah man eine Kirche mit vier Türmen. Er zählte, daß alle im Kino es hören konnten: »Ein, zwei, drei, vier, fünf, sechs Türme.« Dann lachte er glucksend und seiner Sinne völlig bar: »Du, Kim, ist das nicht ulkig, ich weiß gut, daß dort nur vier Türme sind, aber trotzdem kann ich sechs zählen.« Ich sagte, daß er stillsitzen solle. »Versuch, die Hände zu falten und den Mund zu halten.« Gehorsam faltete er die Hände, saß mäuschenstill und starrte in die Luft. Der Film hieß »Der sechste Schuß«. Hinter den Namen der Schauspieler sah man eine Hand mit einem Revolver hervorkommen und einen Schuß abfeuern, ein wenig später wieder einen usw. Beim ersten Schuß merkte ich, daß Bergs Augen wieder an der Leinwand hingen. Er saß einen Augenblick ruhig und starrte neugierig darauf. Das Haar hing ihm ein wenig über die Stirn herunter, und die Augen waren verschwommen. Und ohne daß ich es verhindern konnte, ertönte ein »Peng« in den Raum hinaus. Mit voller Kraft seiner Lungen hatte er es hinausgebrüllt. Er saß wieder ganz still, und ich ahnte nicht, was in seinem Gehirn noch im Hinterhalt lauerte. »Peng, peng, peng, peng, peng!« brüllte er los. Als ich ihm das verbot, sah er mich verwundert an. »Ja aber, da steht doch, daß es sechs Schüsse waren.« Na, ich hatte ihn endlich zum Schweigen gebracht, aber unglücklicherweise war es ein schwedischer Film. Berg hat einen sehr starken Ehrgeiz, sehr gut Schwedisch sprechen zu können. Nun fühlte er sich richtig in seinem Element. Er erhob sich halb von seinem Stuhl und heulte: »Jag älsker dig«* – was eine Lachsalve der Kinobesucher entfesselte. Die Verbindung mit der Filmhandlung verlieh seinem Ausbruch erhöhte Komik. Plötzlich machte er den Vorschlag: »Kim, wenn ich zehn Kronen bekomme, gehe ich.« (Ich hatte sein Geld an mich genommen, als ich ihn dastehen sah, wie er sich den Spaß machte, es ins Wasser zu werfen.) Ich antwortete, daß er drei bekommen könne. Dadurch geriet er in Entzückung und wollte mir um den Hals fallen vor lauter Freude darüber, daß ich solch ein intelligenter und netter Bursche sei.

Ich folgte ihm hinaus, damit er auf seinem Weg nicht jemanden belästige. An der Tür riß er sich von mir los und torkelte hinüber in den Mittelgang. Hier rief er, mit dem Hut im Nacken: »Jetzt werde ich einen Salto mortale vor euch allen schlagen.« – Und, bei Gott, vor der weißen Leinwand sah ich ihn in der Dunkelheit sich vorwärts werfen, und wie durch ein Wunder kam er ganz herum und auf die Beine zu stehen. Er lachte triumphierend. Ich setzte mich auf meinen Platz, während er im Gang weiter nach hinten stolperte und sich an die Schranke zum Balkon stellte.

Der Film lief weiter, Held und Heldin lagen sich in den Armen in ihrem ersten innigen Kuß. Berg streckte abwehrend die Hände gegen die Szene, und mit urkomischer Entrüstung rief er mit deutlich hörbarer Stimme: »So was will ich gar nicht sehen.«

Gegen Mitternacht kam Berg an Bord zurück. Da war er so gut wie ganz von Sinnen. Er lag und wälzte sich im Wasser eines Waschbottichs herum, den er umgeworfen hatte. Seine Knöchel bluteten, da er sich mit etlichen Deutschen eingelassen hatte. Er hatte nie tanzen können, aber inspiriert von sei-

* »Ich liebe dich«

ner Trunkenheit, führte er die absonderlichsten Tänze auf und machte die halsbrecherischsten Übungen, die ich jemals gesehen habe. Er schloß sie mit einem Wutausbruch ab. Er zerriß seine Jacke in Fetzen, was mich ärgerte, den Koch aber unsäglich belustigte. Auch riß er unserem Stuhl beide Beine aus. Dann endigte er damit, daß er auf halbe Höhe der Leiter krabbelte, dort stehenblieb und wie ein Besessener heulte, während er wie ein Irrsinniger an dem Tauwerk riß. Dann stand er eine Viertelstunde lang und knirschte mit den Zähnen, wie ich es nie gehört habe. Endlich wurde er ruhig. Ich befürchtete, daß er so schmutzig, wie er war, in die Klappe kriechen könnte. Daher sagte ich zu ihm, daß er im nüchternen Zustand nicht imstande wäre, so mit den Zähnen zu knirschen. Darüber wurde er ganz heftig. Dann sagte ich: »Wasch deinen ganzen Körper und zeig uns so, daß du es kannst.« Im Nu war er dabei. »Aber an deinen Beinen mangelt es noch – ja, aber an deinen Füßen. Na, und jetzt laß uns sehen, ob du dich in die Koje legen kannst.« Zwei Minuten später schnarchte er.

Den 5. Juni 1944

Ich fuhr Montag, den 5. Juni, nach Naestved, aber die »Patricia« kam erst am Dienstag. Die ganze Besatzung wurde an Land gesetzt. Es war die wunderbarste Fahrt, die man sich denken kann, gen Norwegen. Windstille auf dem ganzen Weg. Und ich fühlte mich wie im Paradies, wieder auf ein ordentliches Schiff gekommen zu sein. Wir kamen nach Drammen, wo wir über den Sonntag liegen blieben. Ich ging mit Bent und dem Schiffsjungen zusammen nach Oslo. Dort sah es armselig aus, und im besondern machte die herrische Haltung der Deutschen einen starken Eindruck auf uns. Die Norweger wirken unterdrückt und armselig. Zurück hatten wir eine anstrengende Tour.

Danzig, den 26. Juni 1944

Ich sprach mit einem Werkmeister. »Ist der Krieg bald aus?« »Ja, in zwei Monaten.« »Dann kann Hitler wieder seinen Pinsel nehmen und wieder so machen«, und mit einer malenden Bewegung deutete er an, wie ein Maler das Anstreichen besorgt.

Eine kleine Episode von gestern. Nach einer alten Seemannstradition wird man »zum Mann beschaut«, wenn man zum erstenmal zur See kommt. »Beschauen« aber bedeutet, daß man mit heruntergezogenen Hosen auf den Tisch gelegt und das Glied eingeschmiert wird mit etwas, was man gerade zur Hand hat: frischem Teer, Soya, Senf, Tinte und dergleichen. Unwillkürlich muß man dabei an die primitiven Völkerstämme denken mit ihren Initiationszeremonien, wenn ein Junge aus dem Kindstadium in die Reihen der Erwachsenen aufgenommen werden soll. Jumbo kam achtern. (Nun muß es gesagt werden, daß sie ihm oft gedroht hatten, daß er »beschaut« werden sollte, d. h. Kaj und Bent hatten gedroht, im entscheidenden Augenblick aber jedesmal unschlüssig geschwankt, weil Madsen und ich uns neutral verhielten.) Nun kam er also achtern. Dort standen der Steuermann, der Kapitän, Bent, der Koch und ich. Der Steuermann schlug vor, ihn zu »beschauen«. Sie rissen ihn auf die Bank herab und zogen ihm die Hosen herunter. Es war etwas Verzweifeltes im Ausdruck des Jungen, mir selbst aber machte es Spaß, und ich lachte aus voller Kehle.

Dieser Jubel der erwachsenen Männer, wenn sie das Entsetzen des Jungen sehen – gerade in dem zu siegen, wogegen der Junge sich so wehrt, das erfüllt sie mit Spannung, die sich in ekstatischer Freude auflöst. Wie merkwürdig sind die Menschen. Der Steuermann war der eifrigste, der Koch gründlich, wie ein Mann, der sich ernsthaft an eine Arbeit gemacht hat.

Ein anderer kleiner Zug beim Seemannsvolk. Man mag ihn als Geschwisterliebe oder Gemeinschaftssinn deuten. Haß und Wut gegenüber einem Schiffer kann wachsen und immer heißer werden. Und das kann in jeder Brust so stark brennen, daß eine Lust aufkeimt, ihn in einer dunklen Nacht über den

Schiffsbord verschwinden zu sehen. Geschieht es aber zufällig, daß sich eine Klage ergibt, die wirklich entscheidend für den Schiffer ist – eine Klage, die vernichtend wäre – dann stehen alle wie *ein* Mann zusammen und sagen: »Ach was, zum Teufel, er wird ja doch bald an Land kommen.«

Nördlich von Gotland, den 28. Juli 1944

Zu leben wie ein primitiver Mensch gibt einem auch viele Instinkte des primitiven Menschen zurück. Die Geistesentwicklung des Menschen, die ganze Wissenschaft von den Geheimnissen der Menschenseele können wir in dem einen Werk studieren, es heißt »Das Alte Testament«. Wir erleben darin eine Entwicklung, die zu etwas Bestimmtem hinführt – zu einem Höhepunkt, einem ungeahnten Gipfel, einem König – oder bloß einem Menschensohn.

Gottes Sohn oder Menschensohn, das ist doch ganz dasselbe, Gott oder die Gottheit – dieses unsichtbare Gewebe, es verbindet das Tiefste aller Menschenseelen miteinander zu einem Wunder, das Menschheit heißt.

Wie eine Losung der Zeit – als Endglied einer Entwicklung und vor allem als ein merkwürdig klares und reingezüchtetes Exemplar dieses Zusammenhanges erscheint Jesus. Er ist der Menschensohn, denn er lebt in uns allen – er geht durch uns alle. Er ist ein Teil von uns, ein Teil dieses unendlichen Gewebes, und er wußte das, erfüllt, wie er war, von Reinheit und Wahrheit. Er schaut mit klaren Augen auf uns und sagt unendlich sanftmütig und unbefangen: »Ich bin Gottes Sohn«, und wir entsetzen uns, denn dieses Wesen, das in uns lebt und nicht nur in uns lebt, sondern mit uns geboren ist, hat das Tageslicht zum erstenmal durch meine Augen erblickt, und es entwickelt sich mit mir, steigt und fällt mit mir – und stirbt schließlich mit mir.

Verstehst Du nun, daß Jesus der Menschensohn ist?

Nun ist mir plötzlich, als ob ich wieder daran arbeitete, das Schlußergebnis zu finden, ohne die Aufgabe zu lösen.

Den 30. Juli 1944

Madsen hat mir vom Navigator erzählt, den wir auf der ersten Fahrt mithatten. Dessen Frau hatte dem Mann mit keinem Wort verraten, daß sie schwanger war, bevor er sein Examen mit gutem Erfolg hinter sich hatte. Und das hatte sie über sich gebracht, obgleich sie in den siebenten Monat kam, bis das Examen gut überstanden war.

Was mich dabei in Erstaunen setzte, ist, daß Madsen sich klar darüber war, was das eigentlich für eine junge Frau heißen will, mit allen Gefühlen und Erlebnissen allein fertig zu werden, die eine werdende Mutter bedrängen. Man kann verstehen, was sie gelitten haben muß, als sie fühlte, daß sie Mutter werden sollte. Ihr Kampf, mit sich selbst ins klare zu kommen, die nach und nach erwachenden Muttergefühle, wie das Kind sich entwickelte – denke Dir, mit dem Urheber dieser ganzen Welt Arm in Arm zu gehen, ohne auch nur mit einem Händedruck ein einziges von all diesen Erlebnissen mit ihm teilen zu können. Das Geheimnis ganz allein tragen zu müssen, daß unter ihrem Herzen ein Kind heranreift, »dein und mein Kind«. Und selten kann die Frau wohl größere Sehnsucht empfinden, Vertraulichkeit, Vertrauen und Frieden in den Armen dessen zu suchen, der all das verursacht hat. Denke Dir, was muß sie nicht gefühlt haben, als das Kind sich zum erstenmal in ihr geregt hat.

Vasa, den 1. August 1944

Trotz allem ist es etwas Wunderbares um die Finnen – sie haben eine prachtvolle Statur und Haltung, körperlich und geistig. Mit der überlegensten Ruhe und der größten Kraft sehen sie dem Tod in die Augen, und vor nichts weichen sie zurück.

Ihr Haß gegen die Deutschen ist sehr groß. Bemerkungen wie diese sprechen ihre eigene Sprache: »Pfui Teufel, wir müssen sie wohl erschießen.« – »Wenn sie fortmüssen, werden wir wohl auf Hangö sitzen müssen und sie mit unsern Maschinengewehren erschießen.«

Ich sprach heute mit einem Unteroffizier. Ich sagte: »Es steht unglücklich für euch Finnen.« »Gar nicht, die Russen erhalten gerade jetzt Schläge von uns Finnen. Die Russen sollen allzeit Schläge haben. Die Russen sind und bleiben Russen.« »Ja, aber ihr seid doch nur ein kleines Land im Verhältnis zu Rußland.« »Ja, aber es gehen 50 Russen auf 1 Finnen – und es ist noch nichts entschieden.«

Eine allgemeine Redensart bei den Arbeitern: »Wir können den Krieg nicht gewinnen, aber wir sollen und müssen ihn gewinnen.«

Ich sprach mit einigen finnischen Soldaten. Wenn man sie fragt, ob sie bald Frieden schließen, werden sie verlegen – tritt man damit auf etwas Schmerzhaftes, vielleicht auf ihre Ehre? Als wir hineinfuhren, sagte der Schiffer zum Lotsen: »Werden wir von hier herauskommen, bevor die Russen kommen?« Der Lotse wurde totenbleich und erwiderte kein einziges Wort darauf.

Es ist schön, wenn man von Deutschland kommt, zu sehen, wie wohlzufrieden und gut gekleidet die russischen Kriegsgefangenen hier sind. Wie sehr spricht das für die Finnen, wenn man bedenkt, was für ein Opfer das für ein so kleines Land ist, das vorher unendlich viel härter eingespannt war als Deutschland.

Vasa, den 7. August 1944

Ich habe heute abend mit dem Koch über die Deutschen und die Strafe diskutiert, die ihnen widerfahren müßte – und o mein Gott, was für ein Prachtkerl von einem Dänen. Er härmte sich in seinem innersten Herzen bei dem Gedanken an alle die Deutschen, die erschossen würden. Nein, sollten sie gestraft werden, so sollten sie merken, daß es eine Strafe wäre, und sie sollten nicht bloß sinnlos niedergeknallt werden gerade dann, wenn sie darüber glücklich wären, nach fünf Jahren Kriegsdienst heimkehren zu können. »Wer ist der Mann, der das Herz hat, die Büchse an die Wange zu legen und sie niederzuknallen, wenn sie heimmarschieren?« Ich wandte ein, daß das die meisten tun würden, und erzählte, daß ich Leuten zugehört hätte, die im vollen Ernst das ganze deutsche Volk sterilisieren wollten. Er sah mich tiefernst an und sagte dann: »Dann kann man ja ebensogut hinaufgehen, einen Strick um den Hals legen und sich aufhängen, denn so lohnt es sich nicht, weiter unter den Menschen zu leben.«

Vasa, den 8. August 1944

Der Steuermann erzählte heute von einem Ehepaar auf Fünen. Der Mann war Gaswerksverwalter, war klein und schmächtig, konnte keine Kinder bekommen und hatte eine Goldbrille. Die Frau war etwa zwanzigjährig. Eines Tages, als der Mann leise heimkam, fand er einen Burschen im Bett mit seiner Frau.

Er bewahrte vollkommene Ruhe und sagte zum Burschen: »Na, du mußt wohl bezahlen, was du mir schuldig bist. Gib mir einen Taler.« Der Bursche war so verlegen, daß er tat, was von ihm verlangt wurde, und verschwand.

Der Mann machte der Frau mit keinem Wort einen Vorwurf, aber wo er saß und ging, spielte er beständig mit dem Zweikronenstück. Einige Monate später versuchte die Frau, durch Aufschneiden der Pulsader Selbstmord zu begehen. Es wurde entdeckt, und sie wurde kuriert. Als sie wieder genesen war und der Mann immer noch beständig mit seinem Zweikronenstück spielte, sprang sie vom dritten Stockwerk herunter in den Tod. Bei der Leichenöffnung zeigte es sich, daß die Frau ein Kind mit sich trug. Drei Monate nachher war er mit einer andern verheiratet.

Kemi, Finnland, den 10. August 1944

Ich drehte das Spill und hatte reichlich Gelegenheit, die Frauen zu beobachten, die im Laderaum arbeiteten. Es gab da beständig viel Gelächter und es herrschte Hochbetrieb. Eine von ihnen, ein junges Mädchen, war ganz erfüllt von spielendem Leben. Sie kam an Madsen vorbei, der mit den Ellbogen auf den Knien dastand und in den Laderaum hinunterschaute. Mit einem Satz war sie hinter ihm, spannte die Hände um seinen Leib und hielt ihn so nach außen, daß er wie ein Verzweifelter kämpfen mußte, um sich im Gleichgewicht zu halten. In der nächsten Sekunde war sie unten im Laderaum und arbeitete wie eine kleine Wilde, hatte Madsen vollständig vergessen. Überall war sie in Bewegung, und dennoch arbeitete sie mehr als irgendeine der andern. Madsen und ich waren uns darüber einig, daß wir lieber auf einen Sack Flöhe aufpassen wollten als auf sie.

Kemi, den 11. August 1944

Liebe Nitte
Manchmal habe ich lange Zeit mit Menschen zusammengelebt und geglaubt, sie zu kennen, und dann geschah es eines Tages plötzlich, daß es wie Schuppen von meinen Augen fiel und ich sie von einem Augenblick zum andern wirklich sah.

Die Menschen, die man liebt, kann man nie richtig sehen. Man umhüllt sie mit einem Schleier und lebt wie in einer Gewohnheit mit ihnen. In den wenigen Augenblicken, wo man sie sehen könnte, ist das Gemüt von so vielem erfüllt, daß die Augen geschlossen bleiben.

Ich habe mehrmals gefühlt, daß ich in einem solchen Augenblick Hanne sehen könnte, aber zur gleichen Zeit war mein Herz von einer unüberwindlichen Süße erfüllt.

Dich habe ich nie gesehen, aber ich weiß, wie Du aussiehst. Das hast Du mir gezeigt mit einer unendlichen Menge kleiner Züge, die ich nach und nach wie in einem Puzzle gesammelt habe.

Du, ich denke eben an das letzte Mal, als ich bei Dir war. Miksi saß neben mir. Ich nahm ein Zündholzschächtelchen aus der Tasche, um zu sehen, wie die Zündhölzchen auf Finnisch heißen. Du sagtest zu dem Jungen: »Es wäre bestimmt lustig, ein finnisches Zündholzschächtelchen zu haben.« Er schaute mich mit dem stummen, ausdrucksvollen Kinderblick an. Ich steckte die Schachtel in die Tasche und dachte an die Freude, die Kinder an so etwas haben können, aber der Gedanke, ihm die Schachtel zu geben, kam mir nicht.

Ist es nicht merkwürdig? Da stehe ich in einer stillen Nacht am Steuerrad. Der Mond schien und warf so scharfe und starke Schatten auf Takelung und Masten des Verdecks, daß man jeden einzelnen Faden im Tauwerk unterscheiden konnte. Ich war der einzige auf Deck, kein Laut war zu hören, außer dann und wann ein leises Knacken und ein schwaches Gurgeln längs des Schiffsbordes. Der Himmel war golden gegen Norden. Ich stand ganz still am Rad. In minutenlangen Zwischenräumen drehte ich dann und wann einen Zahn weiter am Steuerrad. Plötzlich durchfuhr es mich, daß ich etwas vergessen hätte, und im selben Augenblick wußte ich, was es war: einem kleinen Kerl ein Zündholzschächtelchen zu überreichen und die Freude auf seinem Gesicht aufleuchten zu sehen. Erst hier, Monate nachher, reagiere ich. Unheimlich langsam, aber wieder eine merkwürdige Fähigkeit, an einer Sache festzuhalten, bis ich mit ihr fertig bin.

Nun aber, Du, auf Wiedersehen

Kim

Haukipudas, den 27. August 1944

Liebe Hanne

Plötzlich muß ich an damals denken, als wir mit der »Erna« aus Horsens herausfuhren. Die »Fanö« lag dort. Die Besatzung stand an der Reling, unter ihnen der Koch, und neben ihm ein junges Mädchen. Ich glaube, sie war an Bord angemustert, jedenfalls konnte man deutlich sehen, daß die zwei zusammengehörten. Sie standen jedes für sich und dennoch eine deutliche Einheit, so jung, ich glaube, kaum zwanzig Jahre, und so selbstsicher und überlegen. Die ganze Welt war nur ihretwegen da, und dieser kleine, dem Bersten nahe Koch, wie prächtig war er anzuschauen in seiner Wichtigtuerei, eine Frau neben sich zu haben, während alle andern allein dastanden.

Nördlich von Öregrund, den 4. September 1944

Wir hatten Sturm heute nacht und heute morgen. Wir fuhren mit gerefftem Schonersegel und ein paar Vordersegeln. Ich war seekrank.

Hart südlich von Stockholms Schären,
den 7. September 1944

Wir haben 100 m vom Hafendamm entfernt bei Nynäshamn vor Anker gelegen. Ich war ganz krank vor Sehnsucht, an Land zu kommen und ein wenig von all dem zu kaufen, was ich brennend gern für Hanne mit heimbringen möchte.

Da kam der Steuermann und sagte, daß keiner an Land käme, daß ich ihm aber etwas Geld geben könne, dann werde er den Schiffer bitten, ein paar Seidenstrümpfe, Schokolade etc. zu kaufen. Nur der Schiffer durfte an Land gehen. Ich war wütend, weil ich wußte, daß er daran schuld war. Ich hatte selber mit dem »Hafenpolizisten« gesprochen, der gar nicht ablehnend war, aber den Schiffer entscheiden lassen wollte. So wußte ich, was die Glocke geschlagen hatte. Ich dachte stark daran, dennoch an Land zu gehen, aber Madsen riet davon ab. Den ganzen Nachmittag warteten wir, erst gegen 7 Uhr kam der Schiffer zurück und gab sofort Befehl, das Boot aufzuziehen.

Der Steuermann erschien mit einigen Feigen, Schokolade habe man keine bekommen, aber zwei Paar Seidenstrümpfe – verhältnismäßig hübsche. Ich hoffe, Hanne wird sich darüber freuen.

Es gelüstet mich, die Feigen zu essen, weil ich schrecklich hungrig bin. Wir sind ja auf finnischer Ration, aber ich habe es wie der Fuchs, der mit dem Vogel im Maul über das Feld nach Hause läuft. Er geifert, er ist hungrig nach der Jagd eines ganzen Tages, aber irgend etwas hindert ihn, die Beute anzurühren. Es ist nicht die Liebe, nicht meine Gefühle, nicht der Drang, Dich froh zu sehen – doch, das ist es auch – aber etwas weit Stärkeres bringt mich zu Dir mit dem, was ich habe.

Wie ist das lange her, daß wir uns gesehen oder voneinander gehört haben. Du kommst mir so fern vor, ich muß mich geradezu konzentrieren, um Dich deutlich zu sehen. Ob ich mich an die Farbe Deiner Augen erinnern konnte oder nicht, als ich seinerzeit nach Finnland gekommen war, das hatte nicht den geringsten Einfluß auf meine Liebe. Die Liebe war in mir erwacht, und sie wuchs. Ob es ein blauäugiges oder ein braunäugiges Mädchen war, konnte ich nicht sagen. Ja, ich meinte sogar, daß Deine Augen braun wären, aber ich getraute mich nicht, Dich in einem Brief darüber zu befragen. Einmal fragtest Du in einem Brief, ob ich mir Dein Bild vorstellen könne – mühelos. Ich war darüber so erschrocken, daß ich Dich geradezu angelogen habe.

Hart nördlich von Gotland, den 9. September 1944

Gespannt verfolge ich den Gang der Ereignisse in der großen Welt. Vieles deutet an, daß es sich gerade in diesen Tagen um unser kleines Land zusammenzieht. Merkwürdig, sich vorzustellen, daß wir vielleicht in wenigen Tagen im Brennpunkt des Weltgeschehens stehen.

Man ist nun soweit, das Ende von dem Ganzen sehen zu können, und das läßt einen auf die Jahre zurückschauen, die vergangen sind. Und etwas sticht nach mir. Habe ich getan, was möglich war, habe ich diese glühende Zeit nicht verspielt? Ich habe viel erlebt, und dieses trägt mich rascher vorwärts, als ich sonst jemals gekommen wäre.

Den 12. September 1944

Ich bin in Rönne gewesen, da wir wegen des Öles leer gelaufen waren. Wir waren oben im Land. Milde gesagt, glotzten mich die Leute erschrocken an, und ehrlich gestanden, gegenüber all diesen sauberen, glattgekämmten jungen Menschen konnte sogar ich selbst sehen, daß ich einem direkt aus dem Urwald importierten wilden Tier glich. Ich war noch kaum an Land gekommen, als schon ein paar Leute ans Schiff hinkamen und fragten, was für ein Landsmann ich wäre. »Kanadier« – »Ja so, dann«, und verständnisvoll leuchtete es auf in ihren Gesichtern.

Wir fühlten uns in einer überaus gehobenen Stimmung. Ich verstand gar nicht, was mit mir selbst los war, verstehe es aber jetzt. Es war bloß das, die Füße wieder auf dänischen Boden zu setzen. Madsen sagte: »Kannst du dir nicht denken, wie die Stimmung auf einem dänischen Schiff ist, wenn man nach einem halben Jahr oder mehr in der Fremde Skagen umschifft?«

Wir haben uns fast totgefressen an Kopenhagener Gebäck, Früchten, Kuchen und allem möglichen andern. Ich schrieb einen kleinen Brief an Hanne, war gerade dabei zu schreiben, daß ich ein Geschenk für sie habe, aber plötzlich entschied ich mich anders, weil ich gerne ihre Überraschung und frohen Augen selber sehen wollte.

V

Ende September 1944 ging Kim an Land, um sich ausschließlich der illegalen Arbeit zu widmen.

Hellerup, den 17. Oktober 1944

Ich sehne mich nach einem Guß eiskalten Salzwassers ins Gesicht, nach ein paar Segeln, die um die Ohren tosen, nach einer Radtour in stockfinsterer Nacht und nach dem Licht, das aus den Fenstern in Löndal leuchtet. Jetzt heißt es nur noch: »Hör, komm sogleich hier heraus.« »Kannst du das nicht fertigbringen?« »Das muß jetzt sein, das muß getan werden« usw. – ein aufreibendes und abstumpfendes Leben, aber ich möchte es um alles nicht missen.

Vedbaek, den 19. Oktober 1944

Ich liege und lese das Buch von Lin Yutang. Langsam füllt sich das Gemüt mit einer nagenden Entbehrung. Es scheint einem etwas zu fehlen – diese uralte Kultur, die dieses Volk besitzt! Sein ganzes Herz ruht in einem Netz uralter Kultur. Man hat das Gefühl, als hätten die Chinesen Gewicht und Wert da, wo wir anderen – kleine, unbedeutende Geschöpfe sind.

Die Gedanken wandern weiter. Würde ich mich wertvoller fühlen, wenn ich alle diese feinen Bindungen hätte? Würden sie sich nicht gerade als eine süße Hemmung über meine Freiheit legen? Plötzlich wird mir etwas bewußt: Ich selber könnte mir diese zarten Bindungen auferlegen und sie in meinem Herzen befestigen – aber nein, ich muß bloß jedesmal, wenn mein Herz mir ein Gebot zuflüstert, es ohne das geringste Ausweichen befolgen.

Das Schönste von allem, was es auf Erden gibt, ist doch die Wahrheit, das Stärkste von allem, was es auf Erden gibt, ist die Wahrheit. Ich spüre es, wie sie mein ganzes Wesen durchdringen will.

Hellerup, den 28. November 1944

Liebe Nitte
Du mußt Nachsicht mit mir haben, daß ich Dich so lange vernachlässigt habe, aber wie Du gewiß verstanden hast, lebe ich ein Leben, das mehr als je mich ganz gefangennimmt, mich mit all dem erfüllt, was die Zeit geben kann.

Bist Du Dir darüber klar, wie merkwürdig die Zeit ist, in der wir leben? Und wie viele merkwürdige Menschen hat sie hervorgebracht! Mir scheint, es ist kaum zu fassen. Aber eines weiß ich ganz gewiß, daß ich in keiner andern Zeit lieber gelebt haben möchte als in der, durch die wir jetzt hindurchtaumeln. Alles ist in Erschütterung, alles ist durchbebt von den schrecklichsten Wehen, wie sie jede Geburt mit sich bringt. Noch nie ist die Welt einem solchen Leiden ausgesetzt gewesen, aber auch noch nie hat man das Leben so stark und so lebendig erlebt wie in der Gegenwart. Ich führe ein merkwürdiges Leben zwischen merkwürdigen Menschen, und gerade durch dieses Leben komme ich ihnen nahe. Und weil die Gefühle immer bloßliegen und die Nerven oft ein wenig auf Hochspannung sich befinden, lerne ich nun den Menschen auf eine ganz neue Art kennen.

In all den vergangenen Jahren habe ich mit träumenden Augen auf die Welt geschaut, und immer ist vor meinen Augen ein eigener Schimmer über ihr gewesen. Ja, oft sah ich sie überhaupt nicht, sondern nur meine dürftigen Träume. Ich legte mich jeden Abend zum Schlafen nieder mit einem Lächeln um den Mund und einem Lächeln im Herzen. Ich schlief sanft und wachte ausgeruht auf und jeden Morgen mit einem neuen Erstaunen über das Leben, zu dem ich geboren wurde.

Jetzt lege ich mich ernsten Sinnes schlafen, und ich habe einen ruhigen, schweren Schlaf. Wenn ich erwache, geschieht es nicht, weil ich nicht länger schlafen kann, sondern weil etwas in meinem Unterbewußtsein mich erinnert, daß da eine Arbeit ist, die ich ausführen soll. Die Gedanken beschäftigen sich bereits mit der Planung, wie es angegriffen werden muß. Alles dreht sich nur um die Gegenwart, immer handelt es sich darum, die Geistesgegenwart zu bewahren, immer muß man für das Unvorhergesehene bereit sein, immer ist man auf dem Sprung. Du verstehst, ein Dasein, das im höchsten Grad in der Gegenwart lebt, und mit dem Leben als Einsatz. Hier lebe ich zusammen mit einer Gruppe von Menschen, die sich ganz diesem Leben unterworfen haben.

Dein Kim

Hellerup, den 3. Dezember 1944

Liebe Nitte

Ich glaube, es warten große Veränderungen auf mich, wenn ich einmal wieder von den Menschen fortkomme und ganz ich selber sein werde. Wenn ich auch gar nicht sagen kann, was es ist, das versagt, so fühle ich doch, daß mir beim Zusammenleben mit den Menschen etwas abhanden gekommen ist, etwas, das ich sehen, verstehen und fühlen konnte, als ich allein war.

Je länger ich in der Stadt und zwischen den Menschen lebe, die ständig in ihr gewohnt haben, um so besser verstehe ich, welch unermeßlichen Wert die Ruhe und der Ernst der Natur für unsere Entwicklung haben. Ich weiß, daß manches verlorengeht, wenn man zuviel mit anderen Menschen zusammenlebt, wie man das in einer Stadt tut. Man läßt sich von allen ihren Gedanken und Erlebnissen beeinflussen und wird davon so in Anspruch genommen, daß man gar nicht erfaßt oder versteht, was man selber erlebt.

Es ist widerwärtig, das alles angehängt zu bekommen – ganz gegen seinen freien Willen. Wie sehr ich auch den Kopf schüttle, beginne ich doch, darin zu versinken und den klaren Blick zu verlieren, den ich auf See hatte.

Ich habe in der letzten Zeit einen sehr guten Freund bekommen. Er ist unzuverlässig, wenn es sich um Geldsachen handelt. Man kann beinah sagen, daß es ein Grundsatz bei ihm ist, so zu sein. Er hält nur selten eine Vereinbarung, selbst wenn er es hoch und heilig versprochen hat, betrügt sehr oft selbst seinen besten Freund und ist doch im Grunde vollständig ehrlich. Ich habe ihn sehr liebgewonnen, und ich arbeite größtenteils mit ihm zusammen. Er reagiert so rasch wie der Blitz und tut in der Eingebung des Augenblicks genau das einzig Richtige. Er ist in seiner Arbeit streng und auf eine Art auch roh, was im ersten Augenblick abstoßend wirkt, aber im Grunde ist er nichts anderes als ein fanatischer Bursche, den die Zeit gepackt und mit sich in den Wirbel hineingezogen hat, in dem wir alle leben.

Es haben sich für mich große Vorfälle ereignet, seitdem ich das letztemal hier saß und an Dich schrieb. Ein paar meiner Freunde sind in den letzten Tagen hereingefallen und haben natürlich bei uns andern einige Unruhe hinterlassen.

Dein Kim

VI

Am 19. Dezember 1944 wurde Kim zusammen mit zwei Kameraden in einer Wohnung in der Classenstraße festgenommen. Er war unbewaffnet und hatte seine eigenen Papiere bei sich.

Zwei Tage später kam der erste Brief von Kim mit einem beigelegten Zettel, der den folgenden wohlbekannten Wortlaut hatte:

Personen, die sich in der deutschen Polizeiabteilung im Westlichen Gefängnis befinden, dürfen nur alle 14 Tage *einen* Brief bis zu *20 Zeilen* absenden oder empfangen. *Alle* Briefe müssen den *vollen* Namen des Gefangenen samt Geburtsjahr und -tag enthalten und müssen leicht leserlich sein. Um Besuchserlaubnis kann nach Verlauf von 14 Tagen, vom Tag der Festnahme an gerechnet, nachgesucht werden, und zwar durch Vermittlung des »Dänischen Roten Kreuzes«, Amalienstraße 18, Kopenhagen. Es wird im Monat nur ein Besuch und nur *eine* Person zugelassen. Sich direkt an die Polizei zu wenden ist zwecklos.

Pakete mit Kleidern und Toilettengegenständen können jeden *zweiten* Donnerstag zwischen 12 und 7 Uhr direkt im Gefängnis abgegeben werden. Dazu bedarf es keiner besonderen Erlaubnis, doch ist dabei folgende alphabetische Reihenfolge einzuhalten: Donnerstag d. 7.12.44 A–K und Donnerstag d. 14.12.44 L–O usw. Die Pakete dürfen weder Briefe noch Lebensmittel enthalten. Rauchwaren und Lesestoff dürfen nur beigelegt werden, sofern eine schriftliche Erlaubnis dafür vorliegt. Ein Verstoß gegen diese Bestimmungen hat die strengsten Maßnahmen zur Folge.

Die Adresse ist: Deutsche Polizeiabteilung, Westliches Gefängnis Kphg. V.

Abs. Kim Malthe-Bruun,
Westliches Gefängnis, Deutsche Abt., Zelle 252

Den 21. Dezember 1944

Liebe Mutter
Ich habe es ausgezeichnet und befinde mich weit besser als erwartet bei meinem neuen Leben. Es sind ja unleugbar ganz neue Umgebungen und ganz neue Eindrücke, aber zweifellos die eigene Entwicklung fördernde. – Ich habe in den zwei letzten Tagen oft daran gedacht, wie schön es war, mit Dir zusammen zu leben und alle Behaglichkeit des häuslichen Lebens zu genießen. Ich habe auch daran gedacht und gewünscht, daß Du ebenso ruhigen und sicheren Gemütes sein könntest, wie ich es bin. So vieles kann man erst richtig verstehen und sehen, wenn man ein wenig entfernt ist voneinander. – Ich sitze in der Zelle mit fünf andern, und die Diskussionen gehen hoch über alles mögliche zwischen Himmel und Erde. Ich habe Lese- und Raucherlaubnis bekommen, so möchte ich gern von beidem hier herein haben. Nun müßt Ihr alle ganz ruhig sein, es währt wohl nicht so lange, bis ich wieder bei Euch daheim bin.

Eine recht frohe Weihnacht und ein gutes Neues Jahr, seid nun guten Mutes und laßt Eure Freude durch den Gedanken an mich nicht trüben. Ich versichere Euch, daß das Schwerste der Gedanke an Euch ist.

Dank für das Paket und Gruß Euer Kim

GEPRÜFT

Westliches Gefängnis, Deutsche Abt., Zelle 252

Den 10. Januar 1945

Liebste Nitte

Noch ein Blatt hat sich gewendet, und wieder sehe ich die Welt und die Menschen unter einem ganz neuen Gesichtswinkel. Du hast dieses auf Deine Weise aufgenommen, das weiß ich, und Du hast daran gedacht, wie ich es genommen habe, und versucht, Dich an meine Stelle zu versetzen. Nun sollst Du hören. Es ist ungemein interessant gewesen, sich in die Verhältnisse einzuleben, die sich einem Gefangenen darbieten, und alle Reaktionen eines Gefangenen zu verfolgen. Ich habe mich oft hineinzuversetzen versucht, wie man reagieren würde, wenn man der Freiheit beraubt würde, und ich habe immer das Gefühl gehabt, daß es nicht schwer sein würde, es zu ertragen, weil man sich reichlich mit Gedanken zu beschäftigen hätte. Doch schob ich das von mir als etwas Lästerliches, so wie es Leute machen, die etwas aussagen, aber gleichzeitig unter den Tisch klopfen. Ich habe großen Gewinn und Freude von meinem Aufenthalt gehabt, und selten geht ein Tag zu Ende, ohne daß ich erstaunt darüber bin, daß er schon zu Ende ist. Ich versichere Dir, daß ich damals, als ich lernte, bedeutend stärker gebunden war und festsaß. Jetzt habe ich all die Zeit, die ich mir wünschen kann, sowohl zum Nachdenken wie zum Lesen. Die rein materiellen Verhältnisse erinnern stark an die, unter denen ich die ganze Zeit gelebt habe, und die Einförmigkeit, die hier herrscht, gibt so viele Gedanken, die ich um alles in der Welt nicht hätte missen wollen. Es war für mich nie schwierig, etwas zu entbehren, und ebensowenig ist es das jetzt. Ich habe oft erstaunt darüber nachgedacht, wie merkwürdig es ist, daß ich die Freiheit nicht entbehre. In solchen Augenblicken fühle ich, daß ich erst entdecken werde, daß sie mir geraubt worden ist, wenn ich sie wieder erhalten habe. Noch einmal ist Hanne auf eine harte Probe gestellt worden, und wieder leuchtete ihr und mein Verhältnis auf voll blinden Vertrauens. Ich bekam einen Neujahrsgruß von Mutter, Ruth und Hanne. Mutter und

Ruth schrieben, daß sie mich entbehrten, Hanne: »Die, die Dich nicht entbehrt, bin ich.« Verstehst Du das?

Dein Kim
Gruß

GEPRÜFT

Der folgende Brief wurde von Kim auf Toilettenpapier geschrieben und aus dem Gefängnis geschmuggelt. Er war als Aufruf an die Kameraden gedacht und zur Veröffentlichung in der illegalen Presse bestimmt.

Westliches Gefängnis Den 13. Januar 1945
Liebe –
Da ich das Gefühl habe, daß wir in allernächster Zukunft südwärts geführt werden könnten, bekommt Ihr diesen Gruß. Es gingen 165 in der letzten Nacht.

In erster Linie möchte ich, daß so viele wie möglich die Eindrücke gut ausnützen, die ich bekommen habe, seitdem ich festgenommen wurde. Ich wollte, daß man in den illegalen Blättern einen mahnenden Aufruf an jeden richten würde, der für unser Land arbeitet. Wir wollen diese »Propaganda« nicht mehr hören, wie schrecklich die Arbeitsmethoden der Gestapo seien, und über die Unglücklichen, die in ihre Hände fallen. Alles dieses muß fort aus den Vorderseiten, auch wenn es Pfarrer sind, denen es widerfahren ist. In den Vordergrund stellen müssen wir alles, was uns allen zum Besten dient, für dieses allein müssen wir uns bereithalten in dem nun kommenden langen Schlußkampf.

Seht, manche sind großartig, solange sie selbst über ihre Fahrt bestimmen, aber schwach und kleinmütig, sobald sie unter einen Zwang kommen. Ich will ein kleines Beispiel geben: Ich stand draußen in der Toilette, als ein junger Bursch hereinkam wie ein sich flüchtendes Kaninchen, er mußte zum Verhör. »Foltern sie einen, ist es schlimm dort oben?« Er war weiß im Gesicht. »Nimm es nun ruhig und verrate deine

Kameraden nicht, es geschieht dir nicht das geringste«, sagte ich so beruhigend, als ich es vermochte. Im Verhör gestand er augenblicklich alles, und erst hinterher sah ich ein, daß ich daran Mitschuld hatte. Ich hätte an seine Mannhaftigkeit appellieren und sagen sollen, daß es ganz gut möglich sei, daß er Schläge bekomme, aber daß es gar nicht so schwer sei, sie auf sich zu nehmen, wenn man sich bloß nicht übermannen lasse vom Schrecken über etwas so Unbedeutendes wie eine Tracht Prügel. Alle stellen sich diese Schrecknisse vor, aber nicht einer glaubt, daß es ihn treffen könne, so wie kein Mensch zuinnerst glauben will, daß er in der gleichen Stunde sterben kann, in der er den Gedanken denkt.

Die Gestapo setzt sich aus sehr primitiven Menschen zusammen, die sich eine nicht geringe Fähigkeit erworben haben, schwache Seelen zu überlisten und zu erschrecken; schaut man sie etwas genauer an während eines solchen Verhörs, so wird man sie eine unbeherrschte Unzufriedenheit zur Schau tragen sehen, als ob sie alle ihre Selbstbeherrschung zusammennehmen müßten, und als wäre es eine Gnade ihrerseits, daß sie einen nicht auf der Stelle niederschössen, weil man ihnen nicht viel mehr erzählt. Schaut man aber in ihre Augen, so sieht man eine ungeheure Befriedigung über alles, was ihnen gelungen ist, aus dem Opfer herauszupressen. Das Opfer selber sieht erst hinterher ein, daß es sich hat nasführen lassen. Unaufhörlich fühlt man: »Jetzt könnte ich es weit besser machen.«

Was ich möchte, ist, daß man aufhören soll zu glauben, daß der Kampf vorbei sei mit dem Augenblick, wo man in die Klauen des Feindes gefallen ist, nein, dann gilt es erst recht, dafür zu kämpfen, all das zu bewahren, was man selbst und was andere durch harten Kampf gewonnen haben. Dann soll man zeigen, ob man ein Mann ist oder bloß ein Plappermaul. Ich habe viel an … gedacht, den manche als einen Helden oder Märtyrer ansehen, ich betrachte ihn als einen Menschen, der für den Kampf zu schwach gewesen ist.

Höre nun, wenn Du Dich eines Tages in den Händen von Verrätern oder der Gestapo befindest, so schau ihnen und

Dir selber gerade in die Augen. Die einzige Veränderung, die nun eingetreten ist, besteht darin, daß sie jetzt über Deine materiellen Verhältnisse bestimmen können. Im übrigen sind sie noch der gleiche Auswurf der Menschheit, der sie waren, bevor Du festgenommen wurdest. Schau sie an und fühle recht, wie tief sie unter Dir stehen, und es wird Dir zum Bewußtsein kommen, daß diese Geschöpfe höchstens erreichen können, Dir einige blaue Flecken und schmerzende Muskeln beizubringen. Mach Dir das einmal klar, dann folgst Du ihnen ganz ruhig, als wäre das die natürlichste Sache auf der Welt, was dort oben im fünften Saal des Shell-Hauses vor sich geht.

Du kommst in ein Zimmer oder einen Gang und mußt Dich mit dem Gesicht gegen die Mauer stellen. Steh dann nicht zitternd da bei dem Gedanken, daß Du nun vielleicht sterben mußt. Ist Dir bange vor dem Tod, dann bist Du nicht alt genug, Dich am Freiheitskampf zu beteiligen, auf keinen Fall aber reif genug. Ist diese Zwangsvorstellung imstande, Dich zu erschrecken, dann bist Du das ideale Objekt für ein Verhör. Sie geben Dir plötzlich und unmotiviert eine Ohrfeige. Bist Du hinlänglich mürbe, so ist sogar die Schmach einer Ohrfeige eine solche Erschütterung, daß die Gestapo die Oberhand gewinnt und dem Opfer einen solchen Schrekken einjagt, daß alles nach ihrem Kopf geht.

Tretet ihnen ruhig und ohne Haß oder Verachtung entgegen, weil beides ihre überaus empfindliche Eitelkeit viel zu stark reizt. Betrachtet sie als Menschen und nutzt ihre Eitelkeit gegen sie selber aus. Sehr vorsichtig natürlich, dann wird man staunen, wie leicht sie einzulullen sind.

Um von etwas anderem zu reden, so ist es empörend zu sehen, wie leicht und unbehindert die Gestapo dänische Staatsbürger sowohl nach Deutschland als auch ins Shell-Haus fortschaffen kann. Da müßte viel schärfer gegen ihre Wagen und ihr Material vorgegangen werden, als man das bisher getan hat.

Noch etwas: Die Dänen müssen ihre Auffassung von der Gestapo ändern. Vergeßt nicht, daß Ihr zum größten Teil eine Auslese seid, oder es sein müßtet, während die andern zu einem großen Teil nur eine Art nervöses Gesindel sind (ganz gewiß darum so rücksichtslos).

Bedenkt, es ist kein Kinderspiel, und Ihr könnt nicht »Freistatt« sagen, wenn es brenzlig wird um unseres Landes und um unsertwillen. Und es genügt nicht, daß Ihr daran denkt; Ihr müßt es in Euer Bewußtsein hineinarbeiten, bis es ein Bestandteil Eurer Einstellung geworden ist.

Die folgenden Briefe an die Mutter, an Nitte und Hanne wurden ebenfalls aus dem Gefängnis geschmuggelt.

Westliches Gefängnis Januar 1945

Liebe Mutter

Du fragst, ob ich nach irgend etwas Verlangen habe. Ein Ding gibt es, nach dem ich mächtiges Verlangen habe, und das ist: hinauszukommen. Sonst gibt es nichts, Du weißt, ich habe immer mit wenigem auskommen können.

Vielen Dank für das, was Du schriebst, es machte einen starken Eindruck auf mich, ich freute mich über die ruhigen, gewichtigen Worte. Du schreibst, daß ich Deine Erwartungen erfüllt habe. Ich glaube, Ihr seht mich in einem etwas falschen Licht und vergeßt ganz, auf die Tatsachen den Blick zu richten, die hier zählen. Du hast z. B. nicht daran gedacht, daß ich durch mein tägliches Leben an Strapazen gewohnt bin, die weit schwerer sind als die, denen ich hier ausgesetzt worden bin. Vergiß nicht, daß nicht ein einziges von all den Dingen, die andern den Mut nehmen, mir widerfahren ist. Essen, Bett, Einsperrung, Verhör sind allesamt wie ein Spiel für mich gewesen. Ich möchte das nicht um Gold entbehrt haben. Vergiß nicht, daß viel Abenteuerblut in mir ist, und daß ich, selbst unmittelbar nach der Gefangennahme, eher Spannung empfand als etwas anderes vor dem, was ich erleben würde. Die Gestapo, und wem ich sonst ausgesetzt bin, wirkt nicht im entferntesten abschreckend auf mich. Sie sind bloß primitiv, und die, die nicht primitiv sind, sind äußerst interessant.

Als ich im Shell-Haus bei ihnen zum Verhör eintrat, fiel mir ein, daß ein Dompteur so empfinden müßte, wenn er zu seinen Tieren eintritt. Ein solcher Dompteur empfindet sicher auch eine gewisse Liebe zu ihnen, selbst wenn er einsehen mag, daß einige von ihnen räudig sind und abgetan werden müssen. Ich habe nie Angst gehabt vor Hunden, wenn man auch vor einem wütenden Hund wachsam und vorsichtig ist. Noch hat man mir keinen Schaden zugefügt. Ich habe mich auskleiden müssen, aber mehr ist nicht geschehen. Er, der mir gegenüberstand, nahm mehrmals einen Anlauf, aber jedesmal übersah ich ihn, ohne unhöflich zu sein, und begann ein Gespräch mit dem andern. Nur einmal standen wir einander gerade gegenüber, und als ich fühlte, wozu das womöglich führen würde, wenn er es nicht mehr aushalten könnte, fragte ich ihn ruhig und interessiert: »Hast Du Angst?« Ich glaube, ich habe noch nie einen Mann so verständnislos gesehen. Dann wurde er wütend, aber da hatte ich mich schon an den andern gewendet, so schwieg er, weil der andere anscheinend der Vorgesetzte war. Nachher war er bei weitem nicht mehr so heftig und eifrig im Dienst. Sie fragten, ob ich ein Zollboot nach Schweden gebracht hätte. Ich tat so, als ob ich nicht richtig verstünde, was sie sagten, und antwortete, daß ich oft in Schweden gewesen sei. Dabei konnte ich merken, daß sie gespannt waren, sie ließen sich aber nichts anmerken. Ich ergriff die gute Gelegenheit und erzählte, daß ich noch spät im September mit einem Schoner in Schweden gewesen sei. Sie sahen beide auf, als ich sagte »mit einem Schoner«. Ich fügte erklärend hinzu, daß ich Seeman sei. Ich konnte sehen, daß sie das sofort aufschrieben. Ich zog mein Seefahrtsbuch heraus und versuchte, es ihnen vorzuweisen, aber sie wollten es gar nicht einsehen, sie wußten Bescheid. Ich fragte erstaunt: »Wußten Sie ...?« Ja, sie wußten alles. Das ist famos, dachte ich und ließ durchschimmern, ohne etwas Bestimmtes zu sagen, daß ich erst vor ganz kurzer Zeit abgemustert worden sei. Dies nahmen sie zur Kenntnis. Dann behaupteten sie, daß Jörgen ausgesagt habe, daß ich mit einem, der Knud hieß, das

Boot nach Schweden gebracht hätte. Ich tat ungeheuer interessiert und erzählte, daß ich mit dem Schoner in Nynäshamn gewesen sei. Ich glaube, daß sie nach diesem meinten, ich sei es doch nicht gewesen, der es hinübergebracht hatte, weil sie es nachher überhaupt nicht mehr erwähnt haben.

Dann rückten sie mit meinen Schlüsseln heraus. Es war ein ordentliches Bündel, weil ich auch alle von Jörgen hatte. Ich wollte ja beileibe nicht wahrhaben, daß es die seinen wären. Ich hatte zwei Bündel. Als sie mit ihnen kamen, tat ich, als ob es mich nicht im entferntesten anginge, zum mindesten, als ob ich dem keinen Gedanken schenkte. Ich überprüfte mit völliger Selbstverständlichkeit das eine Bündel. Als sie dann mit dem andern kamen, sah ich bestürzt darauf und sagte, daß es nicht mir gehöre. Sie fragten, wem es denn gehöre. Ich antwortete, daß ich keine Ahnung hätte. Das war eine Lüge, da ich es bei mir gehabt hatte. »Ich«, rief ich aus – höchst verwundert, und dann antwortete ich ruhig, daß ich die Schlüssel vorher nie gesehen hätte. Ich schaute dabei nicht zu ihm hinüber, dem ich die Schlüssel ausgehändigt hatte, ich konnte aber merken, daß er ein wenig unsicher wurde. Sie schauten zögernd von mir hinüber auf ihn. Er stand ein wenig, dann zuckte er mit den Schultern, und danach habe ich nichts mehr darüber gehört. So ging es den ganzen Tag, bis zum Abend war ich im Verhör. Übrigens war ich der einzige von uns dreien, der einem langen Verhör unterworfen wurde. Sie jagten in allem möglichen herum, einiges kannte ich, konnte es aber ruhig verneinen, bei anderem war das nicht so leicht, selbst wenn es ging.

Ich lernte rasch, daß man nicht »nein« sagen oder auf eine Frage verneinend antworten darf, weil sie dann sofort über einen herfahren und schwören, daß man lüge usw., setzt man aber selber ihre Frage in der blödsinnigsten Weise fort, so glauben sie oft, daß man sie mißverstanden habe und daher nichts wisse von der Sache, und so lassen sie sie fallen.

Ich fühle mich ärgerlich und nicht wenig verlegen, gewahr zu werden, wie Ihr die Art und Weise betrachtet, die ich angewendet habe. Seht beispielsweise Jörgen, er leugnete alles ab.

Hätte ich das nur auch getan. Sie entlockten mir drei Dinge. Ich hätte nie sagen sollen, daß wir uns bei mir getroffen haben. Ich hätte glattweg verneinen sollen zu wissen, daß Jörgen Gruppenleiter war, und ich hätte sagen sollen, daß ich ihm die Wohnung ein einziges Mal überlassen hätte, ohne eine Ahnung, daß dort eine illegale Zusammenkunft stattfinden sollte. Dann wäre ich heute freigelassen worden. Nun, es hat vielleicht seine Bedeutung, daß ich hier bin. Ich meine selbst, daß ich dabei wirklich etwas ausgerichtet habe, vielleicht weit mehr als früher.

Ich komme zurück zu dem, womit ich begonnen habe. Du sagst, daß ich erfüllt habe, was Du von mir erwartet hattest. Liebe Mutter, verfalle nicht in Eigenlob, denn ich weiß besser nun als je, von wem ich meine Sehnsucht nach Abenteuern, oder richtiger nach Leben geerbt habe... Hand aufs Herz, Du meinst auch nicht, daß da groß etwas zu rühmen sei. Es ist schön, aber wir tun es ja nur, weil wir nicht anders können, und weil wir uns glücklich fühlen, so zu handeln, weil wir im Grunde Erzegoisten sind, die nur so handeln, wie ihnen das Herz gebietet. Daß uns dann vielleicht noch das Glück zuteil geworden ist, ein reines Herz zu haben, dafür können wir nicht uns selber danken.

Dein Sohn

P.S. Ihr glaubt beständig, daß dieses alles ein Erlebnis besonderer Art sei. Das ist nicht wahr. Es ist bloß so, als ob man von einem Zimmer in ein andres mit andern Möbeln gekommen sei. Warum also einen Mann beklagen, weil er andere Möbel bekommen hat?

Du sprichst davon, daß mir viel fehle, bis ich vorwärts gelange. Ich habe keine Ahnung, was »vorwärts« sagen will. Ich habe so oft an diese Fragen gedacht: »Was willst du werden, was wird aus ihm, welche soziale Stellung wird er erreichen?«, und keine von ihnen kann ich beantworten. Vagabund, Abenteurer oder ähnliches, das würde darauf die einzige Antwort sein. Ich habe früher oft geglaubt, daß ich Schriftsteller werden möchte, aber nein, dazu bin ich viel zu zerstreut und werde wohl so noch auf Jahre hinaus bleiben.

Ich bin der »verlorene Sohn«, der zu nichts Bestimmtem Lust hat und der sich mit nichts anderem abgeben will als dem, wozu das Herz ihn in dem Augenblick gerade treibt... Arme Hanne, mögen wohl die meisten denken, aber ich glaube, sie hat sich mit dem Schrecklichen abgefunden.

Westliches Gefängnis

Liebe Nitte

Es war schön, von Dir zu hören, es ist gleichsam eine Bekräftigung unserer Verbundenheit. Ich fühle mich so stark mit Dir verbunden, und es machte mich innerlich so froh, Dich sagen zu hören, daß es Dir ganz ebenso ergeht. Laß mich versuchen, darüber nachzudenken, laß mich fühlen, laß mich verstehen, was es ist, das in uns beiden sich rührt, bei mir in meiner Zelle und bei Dir in Löndal. Aber im Vergleich mit mir hast Du die größere Veränderung erlitten. Ich habe Dich in Löndal, Hanne in ihrer Schule, die Mutter auf ihrem Kontor, indes Du mich verloren hast hinter einem Nebel von Vorstellungen. Gefängnis, Zelle, Gefangener, Verhör, alles zusammen unvorstellbare Tatsachen, die es für die Phantasie so schwierig machen, sich vorzustellen, was ich denke und fühle und wie mein Leben sich gestaltet.

Ich bin derselbe, ich könnte in diesem Augenblick genausogut neben Dir in Löndal sitzen. Es ist wohl merkwürdig, daß Du Dich nie besonders getrennt von mir gefühlt hast, als ich mich in Finnland oder einem andern fernen Ort befand, wohl aber jetzt, wo bloß eine verschlossene Tür uns trennt.

Ich erlebe nichts. Ich sitze hier hinter vier Mauern und einer verschlossenen Tür, und es geschieht nichts. Ich spreche davon, daß ich in den Tag hinein lebe, das tue ich auch, aber in gleicher Art wie die Wintersaat. Sie liegt ganz still unter ihrer Decke von warmer Erde, sie liegt und wartet, vielleicht träumt sie, denn das Korn, die reiche Ernte, sie werden erst nach dem warmen Sommer geerntet.

Es ist eine merkwürdige Sicherheit, die sich über mich gelegt hat, indem ich hier hinter vier so unendlich festen Mauern sitze.

Hier kann ja nichts geschehen, das weiß ein jeder, jedenfalls nichts Überraschendes, und das läßt eine Abgestumpftheit und einen Schlafzustand entstehen, die geradeso, wie ich mir denken könnte, die Wintersaat beherrschen, wenn sie liegt und sich ausruht für die kommenden Kämpfe und Taten.

Ich lese ein wenig in der Bibel. Das Neue Testament. Es interessiert mich und kann mich gefangennehmen, aber ich fühle mich außerstande, auf gleiche Wellenlänge mit ihm zu kommen. Es ist ungemein fesselnd, liegt mir aber gleichwohl so unendlich fern bei meinem gegenwärtigen Entwicklungszustand. Es ist, als ob ich fühlte, daß ich genug an mir selbst und meinem Winterschlaf habe. Außerdem ist die Bibel nicht ein Buch, das man lesen kann wie einen Roman. Jeder Vers enthält ja mehr als viele Romane.

Wenn die Zeit mir lang wird und ich mich rastlos fühle und nicht recht weiß, was ich mit mir selber anfangen soll, auch kein Buch mich gefangennehmen kann, dann geschieht es hin und wieder, daß ich mich plötzlich beim Schreiben finde, und jedesmal ist das eine neue und große Entdeckung, und jedesmal bin ich sprachlos darüber, wie befreiend das auf mich wirkt.

Ich kann das Neue Testament nicht verstehen. An einzelnen, nur ganz wenigen Stellen kann ich Jesus sehen, aber ich glaube, daß ich mich nach und nach vertrauter machen werde mit den Evangelisten, dann kann ich auch ihr »Ich bin besser als du« durchschauen. Wenn ich sie kenne und verstehe und nicht mehr von ihnen in Erstaunen versetzt oder überrascht werde, dann werde ich vielleicht ein wenig von Jesus selber sehen können, und dann werden vielleicht einige seiner Wahrheiten sich in mir niederschlagen.

Dein Kim

Westliches Gefängnis Den 21. Januar 1945

Liebste Hanne, ich lag und dachte daran, was für eine entzückende kleine Frau Du eigentlich bist, da ist so vieles, was ich an Dir richtig schätze und wofür ich Dich liebe, wenn wir eine Zeitlang einander fern gewesen sind. Du bist so herrlich unberührt von all dem, was andern so sehr anhaftet. Ich kann es nicht seinlassen, daran zu denken, wie Dir zumute war, als ich festgenommen wurde. Du warst, wie ich glaube, vollständig ruhig.

Ich habe, wie Du sicher verstehst, in der Zeit, wo ich hier drin gesessen habe, eine Menge erlebt, wie es andern nicht vergönnt ist. Nun darfst Du nicht den Kopf schütteln über mich, aber wenn es mir nicht gelingt, frei zu werden, möchte ich eigentlich ganz gern nach Deutschland. Erst eine Zeitlang nach Fröslev, um das ganze Leben dort kennenzulernen, und dann nach Deutschland, um dessen Zusammenbruch innerhalb der eigenen Grenzen des Landes zu erleben. Das wird bestimmt ungemein lehrreich, und Du kannst Dich ruhig auf mich verlassen, denn ich glaube nicht, daß es recht viele gibt, die dafür so gute Bedingungen mitbringen wie ich, um das durchzustehen.

Ich habe immer mit dem Gefühl gelebt, daß alles, was da geschah, seinen eigenen Sinn hat, und daß gerade diese ganze Kette von Ereignissen mich vorwärts führen würde zu etwas Bestimmtem. Dieses Gefühl ist jetzt stärker in mir als je. Ich fühle es, als ob ich um etwas betrogen würde, wenn ich nicht entweder herauskomme und den Volksauflauf und Freiheitsrausch hier daheim erlebe, oder andererseits die Tragödie miterlebe, die nun im Ernst in Deutschland erst ihren Anfang nehmen wird.

Wie Du das ansiehst, weiß ich natürlich nicht, aber ich glaube, daß Du dasselbe Gefühl hast, daß unser Leben in ganz bestimmten Bahnen verläuft, und daß das, was uns widerfährt, immer das für uns Glücklichste ist.

Etwas hat sich bei mir verändert in der Zeit, seit ich hier drin sitze. Früher fühlte ich immer ein starkes Bedürfnis,

Dich zu kritisieren, Dich zu ändern, damit Du in allem genau auf der Wellenlänge sein möchtest, auf der ich mich befand. Das ist nun gar nicht mehr so, jedenfalls fühle ich jetzt einen Frieden und eine Sicherheit in Dir wie nie zuvor. Du stehst vor mir in einem ruhigen, milden Licht, einem so ruhigen, daß ich mich gar nicht nach Dir sehne, aber einem so starken, daß ich um nichts in der Welt Dich entbehren möchte, ja, ich fühle, daß ich nicht mehr ich selber sein würde, wenn ich Dich nicht hätte. Ich bin mächtig gespannt, ob ich wirklich heute abend fort soll nach Fröslev, oder ob es, wie so oft vorher, ein falscher Alarm ist. Auf alle Fälle ist ja dafür recht große Aussicht, daß es in Bälde dazu kommt, da nun meine Sache ganz abgeschlossen ist.

Man muß ja sagen, daß ich bis heute das Glück gehabt habe, ein Leben mit viel Veränderungen und einer Überfülle von neuen Eindrücken leben zu können. Es ist herrlich zu leben; wie es ist zu sterben, weiß ich noch gar nicht, aber ich habe das Gefühl, daß es etwas vom Erhabensten im ganzen Leben eines Menschen sein muß. Auf diesen Gedanken komme ich besonders, wenn ich die Aufregung der Gestapoleute und Spitzel sehe, jedesmal wenn sie in die Stadt müssen. Immerhin bin ich sehr verschieden von ihnen.

Den 22. Januar 1945

Here I am again, my dear little love. Es war so vieles, das ich Dir gestern gern gesagt hätte, wozu ich aber den Weg nicht finden konnte. Ich schreibe so oft an Dich, nicht weil ich dadurch mich in Verbindung fühle mit Dir, sondern weil ich mich immer so wohl und erleichtert fühle, wenn ich dasitze und schreibe und ganz langsam alles, was mich beschäftigt, auf das Papier fließen lasse.

Ich habe in den letzten Tagen ziemlich viel an die Pharisäer von heute gedacht, und wie sehr die Bibel mißbraucht worden ist, und wie gut ich das verstehe. Man liest in der Bibel, ich spreche diesmal vom Neuen Testament, und man sieht plötzlich hinter ein paar Zeilen Jesus klar und deutlich, aber dann verschwindet er wieder hinter der Wortflut der Evangelisten, und langsam legen sich ihre schweren Worte auf einen, und als der Sklave, der man ist, wird man durch dieses gleichmachende Gewicht abgestumpft, trottet mit und unterwirft sich ihm, so daß es ein Teil von einem selbst wird.

Ich stand heute auf der Pritsche und sah zum Fenster hinaus, und plötzlich war es, als ob alle die Gedanken, die ich vor kurzem äußerte, zu mir zurückkehrten gerade in der gleichen Weise wie die Landschaft hier vor mir. Als ich sie zuletzt mit meinen Augen aufnahm, war sie grau und langweilig, es gab nichts Besonderes, das den Blick festhalten konnte, und heute liegt die ganze Landschaft in ihrem schneeweißen Kleid so strahlend da mit einem in der Kälte funkelnden blauen Himmel über sich. Gerade so plötzlich, wie wenn man den Blick erhebt, sah ich den Gedanken von vorher in einem ganz neuen Licht. Ich verstand ihn so (erinnere Dich, jede Jahreszeit hat ihre Tracht), daß die Lehre Jesu nicht eine Lehre sein darf, die man befolgt, weil man es nun mal so gelernt hat und sich davon beeinflussen läßt. Man soll leben nicht *laut* seinem Gebot, sondern seinem Gebot *gemäß* in Übereinstimmung mit einer tief empfundenen Eingebung. Sie soll nicht als eine Beeinflussung von außen, sondern aus dem Herzen kommen, aus der innersten Tiefe der Seele, so wie das bei jeder Eingebung der Fall ist.

In diesem Augenblick empfange ich als etwas vom Tiefsten, was ich von Jesus gelernt habe, daß man einzig und allein nach der Überzeugung seiner Seele leben soll.

Nun denkst Du, daß das eine Selbstverständlichkeit sei, das ist es auch, und so habe ich es auch immer selbst gemeint, habe aber nie vorher das Gewicht dieser Worte richtig eingesehen. Ich kann es nicht lassen, an Jesus zu denken, als er die Krämer aus dem Tempel jagte. Wer glaubt etwas anderes, als daß es Haß und Wut waren, die in jenem Augenblick seine Seele erfüllten? Des Menschen Seele hat manche Facetten, und es ist nicht weit vom Haß zur Liebe.

Du Liebes, ich habe so oft gewünscht, daß Du die ganze Kraft und Freude empfinden möchtest, die der Eingebung innewohnt, und ich habe oft überlegt, wie ich Dich dazu bekommen möchte, sie zu erleben. Ich denke nicht an die Träume, diese romantischen oder poetischen Visionen, sondern ich denke an das Erlebnis, das darin besteht, die ganze Realität und Wirklichkeit zu sehen, die in unserem Herzen lebt, daß die Welt, die in ihm lebt, nicht bloß eine Vision, sondern eine Wahrheit ist.

Hab Dank für Deinen Brief, den ich soeben erhalten habe, es ist jedesmal ein schönes Erlebnis, wenn ich wieder von Euch dort draußen höre. Siehst Du, wenn ich so und so an Dir herumrede, so geschieht das ja nicht, um Dich zu kritisieren, sondern weil ich Dir so gerne helfen möchte und so gern haben möchte, daß Du fühlen sollst, wie Du und ich in einem hohen Grad zusammengehören, daß es da keine Kritik gibt, hingegen aber einen Drang, Höheres zu erreichen. Kannst Du Dich nicht wie ein Füllen benehmen, das zum erstenmal auf die Wiese gekommen ist? Du siehst das Füllen und empfindest Freude an ihm, und Du weißt, daß Du es gerade so haben kannst. Aber das nächste Gefühl wird vom Gedanken beeinflußt, daß Du nicht Du selber bist, daß Du beobachtet wirst, daß ich an der Zauntür stehe und auf Dich schaue. Du lieber, kleiner Freund, glaubst Du nicht, daß ich das Füllen am allermeisten liebe, wenn es draufgängerisch ist, selbst wenn ich ihm vielleicht Halt gebiete. Auch wenn ich daneben stehe, ist gerade dieses ganz Ungebändigte meine innerlichste Freude, es denkt nicht daran, was ich nun sagen möchte, es springt, es ist das jubelnde Leben selbst. Schau, ich weiß, daß Du gleichwohl Dich nicht ganz von Frühlingsahnungen ergreifen lassen kannst, solange ich ruhig und beobachtend dort an der Zauntür stehe, aber Du, auch ich bin ein Füllen, und nie stehe ich an der Zauntür und beobachte Dich, dazu ist es viel zu sehr Frühling, dazu jubiliert und kribbelt es viel zu sehr in mir. Wenn Du glaubst, daß ich dort stehe und der langweilige Beobachter sei, bin ich wilder und lebendiger, als

Du je gewesen bist. Mein ganzes Herz ist mit Dir, ja mein Herz ist nur ein großer, jubelnder, bebender Frühling, es tanzt einen mutwilligen Tanz mit Dir hin über die Wiesen. Von ganzem Herzen habe ich Verlangen nach Dir – nach Deinem körperlichen Ich, Deine Wärme zu spüren, und nach mehr noch – ein kleines Stück von Deiner Seele hier hereinzubekommen, damit die meine mit der Deinen im glücklichsten Spiel sich ergehen kann. Sei nun ein Füllen, das ganz ohne Grund ausschlägt, das aus bloßer Freude herumspringt und vor etwas erzittert, was es fast nicht ertragen kann.

Ich möchte so gerne fühlen, daß Du auf Besuch gewesen bist in meinem Herzen und gesehen hast, was da drin war, daß Du auf meine Gedanken eingegangen bist, so kann ich fühlen, wie Du ihnen gefolgt bist.

Mich ganz zu verstehen, dazu kommest Du nie, sagst Du. Das macht aber nichts, wenn Du nur dabeisein willst, daß wir als Füllen recht miteinander spielen können auf einer grünen Wiese an einem Frühlingsmorgen.

Kim

Am 5. Februar wurde Kim mit einer Anzahl anderer Gefangener ins Lager Fröslev gebracht. In der Zwischenzeit hatte die Gestapo neue Beweise gegen ihn erhalten, und bei der Ankunft in Fröslev wurde Kims Name zuerst aufgerufen; er wurde sofort in eine Einzelzelle gebracht, um nach drei oder vier Tagen ins Westliche Gefängnis zurückgeführt zu werden.

Nach der Kapitulation fand ein Freiheitskämpfer bei Aufräumarbeiten im Westlichen Gefängnis einen Brief, den Kim Ende Februar von Nitte erhalten hatte – auf dessen Rückseite hatte er, sicher um sich vom Druck seiner Gefühle zu befreien und ohne eine Ahnung, daß dies je von andern gelesen würde, das hier Folgende geschrieben. Der Bogen war von der obersten linken Ecke bis ganz hinunter mit einer winzig kleinen Schrift beschrieben. Zweifellos wurde die Niederschrift fortgesetzt oder hätte fortgesetzt werden sollen, da eine I in die oberste Ecke eingezwängt war. Ist sie fortgesetzt worden, so ist der Rest verlorengegangen. Von Zeugen innerhalb der Gefängnismauern wissen wir, daß Kim nach der Folter bewußtlos in seine Zelle hinaufgetragen worden ist.

Den 3. März 1945

Gestern saß ich am Tisch. Ich sah erstaunt meine Hände an, sie zitterten. Ich saß und machte mir ein wenig Gedanken darüber. Das muß also rein physiologisch auf einen wirken. Plötzlich, während ich ganz allein dasaß, überfiel mich ein starker Drang, etwas zu zeichnen. Ich erhob mich und begann, auf die Wand zu kritzeln. Rasch nahm mich das gefangen, hielt mich fest und erfüllte mich mehr und mehr. Ein Bauersmann an einem Stacheldraht entstand unter meiner Hand. Ich setzte mich, erhob mich und verbesserte, setzte mich wieder und fühlte, wieviel besser dieses gelungen war als irgend etwas früher. Ich arbeitete daran den ganzen Tag. Tausend Dinge wollten mir nicht gelingen. Ich grübelte, spannte meine Phantasie an und war plötzlich vollständig matt. Ich wischte das Ganze weg, und seither ekelt es mich beim bloßen Gedanken ans Zeichnen.

Ich habe seitdem über das Merkwürdige nachgedacht, was eigentlich mit mir geschehen sei. Gleich hernach fühlte ich eine unbeschreibliche Erleichterung, einen jubelnden Siegesrausch, eine so unsinnige Freude, daß ich wie gelähmt war. Es war, als ob die Seele sich vom Körper ganz freigemacht hätte, als ob diese zwei sich als freie Wesen tummelten, das eine in einem vollkommen frei gewordenen überirdischen Rausch, das andere sich wälzend in einem stark erdgebundenen, leidenschaftslosen Krampf. Ich wußte plötzlich, wie phantastisch stark ich bin (vielleicht sage ich das letztere, um mir selber Mut zu machen). Als die Seele wieder zum Körper zurückkam, war es, als hätte sich der Jubel der ganzen Welt hier versammelt, aber es ging damit, wie mit so viel andern Genußgiften, als der Rausch vorüber war, kam die Reaktion.

Ich wurde gewahr, daß meine Hände zitterten, daß in mir etwas gespannt worden war, daß es war, als ob ein Element in den Tiefen des Herzens Kurzschluß bekommen hätte und sich nun schleunigst entlüde. Ich war wie ein Süchtiger, der von seiner Sucht verzehrt wird. Und doch war ich ruhig und von weit größerer Seelenstärke als je zuvor.

Dennoch, ohne daß mir bange ist, ohne daß ich zurückweiche, klopft mein Herz jedesmal rascher, wenn einer vor meiner Tür stehenbleibt. Es muß etwas rein Körperliches sein, obschon es ja unbestreitbar ein Sinneseindruck ist, der es hervorruft.

Es ging mir gleich nachher auf, wie ich nun ein neues Verständnis für die Gestalt Jesu habe. Die Wartezeit, das ist die Prüfung. Ich versichere, ein paar Nägel durch die Hände geschlagen zu erleiden, am Kreuz zu sterben, ist nicht mehr als etwas rein Mechanisches, das die Seele in einen Sinnenrausch versetzt, der mit nichts anderem verglichen werden kann. Aber die Wartezeit im Garten, sie tropft von rotem Blut.

Noch eine merkwürdige Sache. Ich empfand überhaupt keinen Haß. Meinem Körper widerfuhr etwas, es war nur ein Knabenkörper, und er reagierte wie ein solcher, meine Seele aber war von etwas ganz anderem in Anspruch genommen; sie sah wohl die kleinen Geschöpfe, die mit meinem Körper zusammen waren, aber sie war viel zu sehr von sich selbst erfüllt, um sich näher mit ihnen zu befassen.

Und ich habe etwas davon erfahren, was es heißt, allein zu sein. Es ist, als ob man bis ganz hinunter auf den Felsengrund gelangt sei, den Grund, der sonst bedeckt ist von Egoismus, Eitelkeit, Liebe und all den andern Schicksalsfügungen des Alltagslebens, und nun durchzuckt es einen auf diesem Grund, es ist das Element, das Kurzschluß bekommen hat. Er will bedeckt sein, er will eine Decke über sich fühlen. Sitzt man mit mehreren zusammen, so ist ihr Interesse, ihre Unterhaltung ein Balsam, eine Decke, die sich sofort als eine wärmende Umhüllung auf den Felsen legt. Sitzt man allein, so ist das wie eine schwere Hautverletzung. Sie will einen nicht zur

Ruhe kommen lassen; man kann nicht lesen (»Die Strömungen« von Brandes), die Seele wie der Körper müssen die ganze Zeit auf dem Fußboden sich bewegen. Ich verstand plötzlich, was Wahnsinn ist, aber ich wußte, daß es mit diesem sei wie mit allem andern, was mir begegnet ist, daß ich im Verlauf einiger Tage wieder ich selber sein würde.

Ich erblicke zu gewissen Zeiten ein schönes Bild, keines von Euch ist darin. Es zeigt mich selbst zu Pferd draußen im Freien. Ich fühle, daß ich Kinder um mich haben muß, nicht Erwachsene. Ich habe an die See gedacht und mich gesehnt, aber sie müßte ruhig sein, da ich jetzt keine Seekrankheit ertragen könnte: Das ist ein merkwürdiges Bild mit dem Pferd, es ist gerade, wie wenn die Kindheit wieder in mir aufquellen wollte.

Der Brief vom 21. und der folgende vom 27. März wurden erst nach Kims Tod gefunden; sie waren auf die Innenseiten einer Rotkreuzschachtel aufgeklebt.

Den 21. März 1945

Liebstes Kleines Du

Ich war zum Verhör, Mittwoch, den 21. Februar, auf dem Polizeipräsidium um Mitternacht, kam Mittwoch, den 28., zurück ins Westliche. Am Donnerstag wurde ich in eine Einzelzelle gesperrt mit Briefverbot. Ich durfte nur morgens und abends mit Begleitung auf die Toilette, wenn keine andern in den Gängen waren. Das Essen wurde von Soldaten gebracht. Ich genoß es, in eine Einzelzelle zu kommen. Ich warf alle Kleider von mir und wusch mich. Das war herrlich befreiend. Nachts schlief ich wieder in einem Bett mit Bettuch und Matratze.

Die Tage vergingen schön mit Denken und Grübeln, ich hatte das Fenster geöffnet, und die Sonne schien. Ich konnte den Frühling riechen, das hervorsprießende, wachsende Gras, die feuchte Erde, ich konnte die Vögel zwitschern hören, und zwischen den Gitterstäben fiel ein gerade so großes Feld

(Sonnenschein) herein, daß ich auf der Bank sitzen und mein Gesicht erwärmen lassen konnte.

Montag, den 5. März, wurde ich ins Polizeipräsidium übergeführt. Ich saß in Untersuchungshaft. Ich bekam am Mittwoch die Erlaubnis, meine Decke hereinzubekommen.

Ich habe in folgenden Zellen gesessen: 19. Dez. 44 bis 2. Febr. 45 in 252. Vom gleichen Tag 8 Uhr an in 585 (Dunkelarrest), vom 4. Febr. bis 7. Febr. Einzelzelle. 7. Febr. bis 11. Febr. Fröslev. Vom 12. Febr. bis 1. März in folgenden Zellen im Westlichen: 286, 284, 282, 276, 270. Vom 1. März bis 5. März in 586. Danach wurde ich ins Polizeipräsidium übergeführt, 5. bis 12. März Zelle 50, vom 12. März ...? Zelle 37.

Ich habe zweimal im Hausgefängnis des Shell-Hauses gesessen und darauf gewartet, zum Verhör zu kommen, so glaube ich, ich habe beinah von jeder Art Zellenleben ein wenig probiert. Als ich in Untersuchungshaft saß, fühlte sich der Raum unleugbar ein wenig eng an: 190 auf 120 cm mit einer kleinen Bank und einem Tisch. Ich ging hin und zurück. Anderthalb Schritte hin und anderthalb Schritte zurück. 24 Stunden lang, die alle gleich waren, nur unterbrochen von der Sensation, die es jedesmal gab, wenn die Tür geöffnet wurde und man ein paar Happen Schwarzbrot hereingestoßen bekam.

Man erlaubte mir, mich draußen im WC zu waschen, das war herrlich. Dann ging ich wieder auf und ab, und ich war verwundert, daß mich das nicht im mindesten beschwerte. Ich dachte an die Tage, als ich in der Einzelzelle saß, und empfand den Reichtum, von dem sie erfüllt waren. Stell Dir vor, die Sonne und ein blauer Himmel, und dann und wann eine weiße, kleine Wolke. Und gab man sich ordentlich Mühe, so konnte man ein Ackerfeld, Gras, Menschen und viel anderes noch Erstaunlicheres sehen.

Und ich konnte die Erde riechen, konnte den erwachenden Frühling fühlen. Die Sehnen spannten sich in der Brust, und ich war ein überaus glücklicher Mensch. All das legte sich lindernd auf meine Seele, machte sie gesund und stark.

Man sagt, daß das Shell-Haus gestern bombardiert wurde.

Das machte einen sehr starken Eindruck auf mich. Ich sah Deine Schule vor mir. Im Geiste sah ich zuerst, was Dir dort konnte geschehen sein, ich konnte sehen, daß die Möglichkeit, daß Du getötest wurdest, groß war, und ich sitze hier und schreibe an Dich, obschon ich nicht weiß, ob Du lebst, ob Du je dieses lesen wirst.

Wie werde ich zu wissen bekommen, wie es um Dich steht? Es sind ja dennoch so viele Möglichkeiten, vielleicht warst Du gestern gar nicht dort.

Wir diskutierten, was man eigentlich unter Kunst verstehen sollte. Ich weiß schon, was ich unter Kunst verstehe, aber wie soll ich es erklären?

Ist der Künstler nicht ein Mann, der aus den Tiefen seiner Seele Reichtümer ausgraben und sie vor die Menschen hinstellen kann, damit sie sich daran bereichern? Damit andere es aufnehmen und sich dadurch bereichern können, muß in der Seele ganz der richtige Boden für dieses Saatkorn sein. O du Mann, du mußt ein Sohn deiner Zeit sein, und was in deiner Seele sprudelt, danach muß schon der Boden deiner Mitwelt dürsten. Dann kannst du aus dem unergründlichen Quell schöpfen, dann bist du ein Künstler.

Jesus lebt unter uns, aber er ist viel älter und reifer geworden als der Jesus, der zur Zeit der Apostel lebte. Es ist wie bei jedem andern Menschen, der wächst und sich entwickelt. Und doch fühle ich in meinem innersten Herzen, daß es mit ihm ist wie mit jedem Künstler, ja mit jedem Menschen. Wenn mir ein alter Mann entgegentritt, so tritt mir auch mit ihm der kleine Menschenkeim entgegen, die kleine Wahrheit, die bei seiner Geburt erwachte.

Jesus ist älter geworden. Manche fragen sich, ob er überhaupt gelebt habe, ob er nicht schlechthin ein Ausdruck des Höhepunktes der jüdischen Morallehre sei. Vielleicht, ich weiß schon, was sie meinen, kann es aber nicht bleiben lassen zu fragen, ob der alte Mann dort nicht auch einmal ein Kind gewesen ist.

Ich habe Läuse bekommen und bin sie hoffentlich wieder losgeworden. Ich erhielt eine schreckliche Menge Bisse und konnte es vor Jucken beinah nicht mehr aushalten. Heute untersuchte ich meine Kleider, ich habe mich seit drei Wochen nicht mehr ausziehen können, da ich auf dem Fußboden schlafe mit nur einer Decke über mir. Es waren ganze Fladen von Eiern in den Kleidern und sie waren voll von Läusen. Nun habe ich ein Bad genommen und alle meine Kleider gewaschen, so ist das nun hoffentlich vorbei.

Ich denke an das Gefühl, das mich immer so sehr oben hält und vorwärts trägt, daß *nichts* unmöglich ist, daß, gleichgültig wie das Ganze aussieht, Millionen von Möglichkeiten sich bieten können, die man nicht sehen kann. Es gibt überhaupt keinen Fall, wo nicht alle Umstände sich in einer einzigen Sekunde vollständig ändern können.

Ich liege auf einer Matratze auf dem Boden und lasse mir von der Sonne das Gesicht erwärmen. Wir sind fünf Mann in der Zelle. Einer wandert hin und zurück. Jedesmal, wenn er beim Hingang gegen mich kommt, fällt sein Schatten auf mein Gesicht, und jedesmal wieder, wenn er zurückgeht. Das wirkt, als ob ein Kontakt in meinem Innern in bestimmten, kleinen Zwischenräumen geöffnet und geschlossen würde. Ein kleiner Strom von Ärger durchspült da mein Gemüt, aber wenn dann die Sonne wieder mein Gesicht erwärmt, verschwindet er spurlos wieder.

Heute ist Sonntag und dazu noch das schönste Wetter, das man sich denken kann, wie gerne möchte ich einen Ausflug in den Tiergarten mit Dir machen, mein liebes kleines Mädchen. Das Wetter ist ganz voll Nachmittagswärme, vom Morgen an ist es wunderschön gewesen. Ich lag unter dem Fenster und sah zu, wie das Licht stärker und stärker um die Verdunkelung herum hereinsickerte. Es strömte Luft zu mir herunter, die von Morgenstunde und Frühling gesättigt war. Ein großer Vogelzug kam heran über den Dächern, und es müssen große Vögel gewesen sein, nach ihrem Flügelschlag zu urteilen. Das Sausen, ja, das war, als ob etwas in meiner Brust selber zu sausen begönne, und ich fühlte mich grenzenlos glücklich, als ob dieser Vogelzug mir etwas besonders Gutes verspräche, so wie der Frühling uns allen immer etwas Neues und Wunderbares verspricht. Ich fühlte keine Spur von dem, was zahme Enten fühlen mögen, wenn sie ihre freien Brüder hoch oben in den Lüften vorbeisausen hören. Es ist in mir viel zu still und friedlich, um das zu fühlen, aber ich weiß, daß im gleichen Augenblick, wo ich wieder unter dem blauen Himmel stehe, der Jubel, der aus meiner Brust hervorbricht, fast keine Grenzen haben wird.

Ich lag da und fühlte, daß der Frühling gekommen ist, daß Du und ich leben und jung sind (ich weiß nun, daß Du gesund bist und Dir nichts geschehen ist), und ich dachte daran, was dieser Frühling uns wohl bringen wird. Sicher ziemlich viel anderes, als wir uns denken, aber doch wird es vielleicht etwas vom Glücklichsten sein in unserem Leben.

Den 27. März 1945

Ich habe ziemlich viel geraucht und die Beobachtung gemacht, daß es ungemein beruhigend wirkt, wenn die Nerven in Hochspannung sind, aber daß es gerade die entgegengesetzte Wirkung auf mich hat, wenn ich ruhig bin. Ich glaube, daß ich mir nie etwas aus dem Rauchen machen werde, wenn ich auf freiem Fuß bin. Es macht mich ungeduldig und lähmt das Gehirn. Es ist, als ob der Tabak eine Abgespanntheit hervorrufen und eine merkwürdige Leere zurücklassen würde, und dies macht mich so ungeduldig, wie ich immer werde, wenn ich das Gefühl habe, nicht vom Fleck zu kommen.

Ich habe oft an die Verteidigungsrede von Sokrates gedacht. Unter anderem dachte ich daran, als ich das letzte Mal zum Verhör ging. Sokrates sagt in der Einleitung, daß er im voraus wußte, wie der Ausgang sein werde, daß er im Verlauf der Stunden, die er zu seiner Verfügung habe, nicht imstande sei, die Abneigung gegen ihn zu überwinden, die ihr Herz beherrsche, eine Abneigung, die durch Jahre hindurch auf sie eingewirkt habe in Gestalt unendlich vieler kleiner, feiner Nadelstiche, so daß sie sie nun als einen Teil von sich selbst empfänden. Er weiß, daß es lange Zeit braucht, um dieses Bild zuzudecken und ein neues zu gestalten. Ich fühlte das gleiche. Diesen Menschen, zu denen ich hinauf mußte, denen war durch viele Jahre hindurch eine ganz bestimmte Auffassung von allen Dingen beigebracht worden, und so würde sich in ihr Herz eine ganz bestimmte Einstellung zu mir eingeprägt haben. Auf jede Weise waren meine Hände gebunden, so war die einzige Möglichkeit, dem Ausdruck zu geben, was in mir lag, auf die Fragen zu antworten, die von ihnen gestellt und formuliert wurden. Ich verstehe, wie Sokrates gefühlt hat, und ich begreife, daß ein weiser Mann wie er handeln mußte, wie er es tat.

Ich habe seitdem auch oft an Jesus gedacht. Ich kann die grenzenlose Liebe gut verstehen, die er zu allen Menschen gefühlt hat und besonders zu all denen, die mit dabei waren, seine Hände mit Nägeln zu durchbohren. Er stand hoch über jeder Leidenschaft von dem Augenblick an, da er Gethsemane verließ. Nur als er wachte, empfand er Angst, wie Kaj Munk sie sicher auch empfunden hat unmittelbar vor seiner Entführung mit dem Auto, bevor er sich in Kontakt gefühlt hat mit denen, die seine Mörder wurden. Sobald sie abgefahren waren, hat er bestimmt seine Überlegenheit empfunden, und diese hat ihm seine Würde und seine Stärke zurückgegeben.

Ganz ebenso bei Jesus. Im gleichen Augenblick, als Judas ihn auf die Wange küßte, hat er sicher seine ganze Seelenruhe und Überlegenheit wiedergefunden. Dann hat eine mächtige Woge ihn mitgerissen, die ihn schließlich in den Tod führte. Unter ihrem Einfluß erhob sich seine Seele in solche Höhen, daß kein Augenblick der Schwäche und Unschlüssigkeit möglich war. Als er vor seinen Henkern stand, befand er sich körperlich bereits jenseits alles Irdischen. So frei geworden und erhoben fühlte er sich da, daß er nicht mit gewöhnlichen menschlichen Augen auf sie schauen konnte, sondern nur mit einer unendlichen Überlegenheit und Nachsicht, was immer auch davon herrührt, daß man sehen kann, aus welch einem Gesichtskreis die andern handeln.

Die Läuterung, die man empfindet, bewirkt, daß man die Welt plötzlich von einem ganz neuen Standort aus anschaut, einem Standort, der hoch über all dem steht, was Schmerz oder Angst heißt. So hoch und unantastbar steht man da, daß sogar die Grundlage für den Haß verschwindet, den man sonst als Folge der Furcht empfindet, die sie uns einimpfen. Alle die, welche uns im täglichen Leben nahestehen, drängen sich in diesem Augenblick nicht vor, sie stehen etwas ferner, und man sendet ihnen nur im Vorbeigehen einen liebevollen Gedanken zu, dagegen verstärkt sich und wächst all das, was als heiligste Ideale vor uns gestanden hat, und wird zum Hauptbestandteil unserer Seele.

Jesus hat gefühlt, wie sein ganzes Leben mit eigener glühender Kraft in einem letzten Zusammenziehen alles Stärksten in ihm sich auslebte. Die Angst ist etwas, das von innen kommt, und versucht man, in zu starkem Grad einem Menschen Angst beizubringen, erreicht man sehr leicht nur, ihm jedes Angstgefühl ganz auszutreiben, ihn in einen Zustand zu treiben, wo er unerreichbar über allem steht, und vor allem unantastbar ist.

Es ist Ostern, und ich habe heute ein Eßpaket von Nis bekommen – das war herrlich.

Ich schrieb gestern, daß man in jenem Augenblick sich auf einen Standort erhoben fühle, wo die, welche einem am nächsten stehen, nur eben mit einem liebevollen Gedanken gestreift werden, während alle unsere innersten Heiligtümer sich verstärken und wachsen und zum Hauptbestandteil unserer Seele werden. Mißverstehe mich nun nicht, denn es ist auch nicht ganz wahr, aber halte nun bloß den Eindruck fest, den es hervorgerufen hat, und lies dann das Nächste und versuche dann, die zwei Eindrücke zu einem einzigen zusammenwachsen zu lassen, so kommen wir ihm vielleicht ein wenig näher.

Man ist in diesem Augenblick ein großes, lebendes, zitterndes Tier, das vollständig rein ist. Es findet sich kein Schatten, nicht ein Tropfen Haß, nicht ein Tropfen Wut, denn solches kann gar nicht entstehen und gedeihen in einer so vollkommenen Reinheit und Einfachheit. In diesem Augenblick findet sich da keine Hemmung, nicht das geringste kleine Schwanken in unserer Seele, und auch wohl aus diesem Grunde ist man vom Gefühl erfüllt, geläutert und frei zu sein. Es ist, als öffne sich das Herz, und ein wunderbar kleiner, grüner Sprößling fange an zu wachsen. In einem solchen Augenblick fühlt man sich so still und so andächtig, und die Wölbung über unserer Seele erscheint einem sehr, sehr hoch. In dieser Umgebung kommen die Gestalten, die um einen sind, in ein ganz anderes Verhältnis zu einem. Glaubst Du, daß ein Vater, der in der Kirche steht und seine Liebste ihr kleines Erstgeborenes über das Taufbecken halten sieht, glaubst Du, er bemerke die, welche neben ihm stehen, und glaubst Du nicht trotzdem, daß er so von Wärme und Liebe erfüllt ist, daß er nur Liebe fühlen kann für alles, was um ihn ist?

Als ich hinaufging zum Verhör, oder vielleicht war es, während ich oben war, da überfiel mich der Gedanke: »Ihr müßtet bloß für kurze Zeit einmal ganz allein als Holzhauer mit mir hinaus in den Wald, und alles in euch würde sich ändern, vielleicht nicht nachhaltig, denn ihr seid aus einem andern Stoff gemacht, aber doch so, daß ihr für eine Weile ein wenig von der Weltentiefe sehen und erfassen würdet, für eine kurze Weile die unendlich reiche Welt sehen und fühlen würdet, die um euch ist, die ihr aber nicht erfaßt.« Blitzartig streifte mich: »Ob diese je den Mond in einem stillen Waldsee sich spiegeln gesehen haben, oder ob sie je den Wind mit dem Gras an einem Abhang haben spielen sehen, wenn er um alle Ecken und hernieder gegen die See jagt?«

Ich lag gestern abend und sprach sehr lang mit den andern, und zum erstenmal fühlte ich wirklich im Ernst, daß ich Lust hätte, etwas fürs Theater zu schreiben, und ich weiß auch was. Ich sah die dunkle Zelle, wo die Gitterstäbe in dem starken

Mondlicht ihre Schattenstriche auf die Wand zeichnen. Vier Männer, die auf dem Boden liegen und miteinander reden, jeder mit seinen Idealen und Ideen, und jeder mit seiner Überzeugung, und dann so ungeheuer verschiedene Charaktere, Auffassungen und Meinungen. Plötzlich verstand ich, wie unendlich viel noch dazu fehlt, daß wir ein freies Volk haben, ja, frei werden wir vielleicht, aber: urteils-frei. Ein Volk, wo jedermann seine eigene selbstgebildete Meinung hat und sie vor Gott und Menschen verantworten darf und kann, und nicht so, daß seine Meinung bloß ein Widerhall seiner Umgebung und von deren Meinungen ist.

Denke nur, wie anders würde es in Dänemark vielleicht heute aussehen.

Der folgende Abschiedsbrief an Hanne wurde von der Zensur zurückgehalten; Hanne erhielt ihn am 16. April, zehn Tage nach Kims Tod.

Westliches Gefängnis
Deutsche Abt., Zelle 411

Kim Malthe-Bruun,
geb. 8. Juli 1923
Den 4. April 1945

Mein kleines Mädchen
Ich wurde heute vor ein Gericht gestellt und zum Tode verurteilt. Eine schreckliche Botschaft für ein kleines Mädchen von zwanzig Jahren. Ich habe die Erlaubnis bekommen, diesen Abschiedsbrief zu schreiben. Und was soll ich schreiben? Wie soll nun dieser mein Schwanengesang lauten? Die Zeit ist kurz – der Gedanken so viele, was ist das Letzte und Wertvollste, das ich Dir geben kann, was besitze ich, das ich Dir hier zum Abschied geben kann, daß Du mit Trauer und dennoch mit einem glücklichen Lächeln weiterleben, wachsen und großwerden kannst?

Wir segelten auf dem wilden Meer, wir begegneten einander vertrauensvoll wie spielende Kinder, und wir liebten einander. Das tun wir noch, und das werden wir auch weiterhin tun. Aber eines Tages riß uns der Sturm auseinander, ich stieß auf Grund und versank, Du wurdest an eine andere Küste gespült, Du wirst in einer neuen Welt weiterleben. Du sollst mich nicht vergessen, das verlange ich nicht, warum solltest Du etwas vergessen, das so schön ist, aber Du darfst nicht daran hängenbleiben, Du sollst ebenso leicht und doppelt glücklich weiterleben, denn das Leben hat Dir auf Deinem Weg das Schönste vom Schönen geschenkt. Reiß Dich los, laß dieses glücklichste Glück alles für Dich sein, laß es strahlen als das Stärkste und Klarste von allem, aber laß es nur eine Deiner goldenen Erinnerungen sein, laß Dich von ihm nicht blenden, daß Du all das Herrliche nicht sehen kannst, das Dir noch bevorsteht. Du darfst Dich nicht der Schwermut hingeben, Du mußt reif und reich werden, hörst Du, mein liebes Mädchen.

Du lebst weiter und wirst andern schönen Abenteuern begegnen, aber versprich mir, das bist Du mir bei all dem, wofür ich gelebt habe, schuldig, daß der Gedanke an mich sich nie zwischen Dich und das Leben stellen wird. Bedenke, daß ich ein Seinsgrund in Dir bin und, wenn ich Dich verlasse, das nur bedeutet, daß er allein weiterlebt. Er soll gesund und natürlich sein, er soll nicht zuviel Platz einnehmen, und nach und nach, wenn größere und wichtigere Dinge an seine Stelle treten, soll er in den Hintergrund gleiten und gerade nur ein kleiner Bestandteil eines Bodens sein, der voll Glück und Entwicklung ist.

Du fühlst ein Stechen im Herzen, das ist der Schmerz, wie man sagt, aber Hanne, schau weiter, wir müssen ja sterben, und wenn ich ein wenig früher oder später entschlafe, so können weder Du noch ich sagen, ob das gut oder schlimm ist.

Ich denke an Sokrates, lies von ihm, und Du wirst Platon erzählen hören, was ich gerade jetzt empfinde. Ich habe Dich grenzenlos lieb, aber jetzt nicht mehr, als ich Dich schon immer geliebt habe. Da ist nichts, das mich im Herzen sticht, so ist es nun einmal, und Du sollst es einsehen. Es lebt und brennt etwas in mir – eine Liebe, eine Inspiration, nenne es, wie Du willst, aber es ist etwas, für das ich noch gar keinen

Ausdruck gefunden habe. Nun sterbe ich, und ich weiß nicht, ob ich eine kleine Flamme in einem andern Herzen entzündet habe, eine Flamme, die mich überleben wird, aber dennoch bin ich ruhig, weil ich gesehen habe und weiß, daß die Natur reich ist, so daß keiner es merkt, wenn ein paar vereinzelte Sprößlinge unter den Füßen zertreten werden und sterben. Warum sollte ich also verzweifeln, wenn ich all den Reichtum sehe, der noch lebt.

Hebe den Kopf empor, Du meines Herzens allerköstlichster Kern, hebe ihn empor und sieh, das Meer ist immer noch blau, das Meer, das ich so geliebt habe und das uns beide umhüllt hat. Lebe Du nun für uns beide. Ich bin weg und fort, und was zurückbleibt, ist nicht ein Gedenken, das Dich zu einer Frau nach Art der … macht, sondern eines, das Dich zu einer Frau macht, die lebendig und warmherzig, gereift und glücklich ist. Du darfst Dich nicht in die Trauer vergraben, denn so versteifst Du Dich und bleibst in einer Anbetung vor mir und Dir stecken, und Du würdest das verlieren, was ich am allermeisten an Dir liebte – Deine Weiblichkeit.

Merke Dir, und ich schwöre es Dir, daß es wahr ist, daß jeder Schmerz sich in Glück verwandelt, nur werden die wenigsten das nachträglich vor sich selber eingestehen. Sie hüllen sich in den Schmerz, und die Gewohnheit läßt sie glauben, daß es beständig Schmerz sei, und so hüllen sie sich immerzu in ihn. Die Wahrheit ist die, daß nach dem Schmerz die Tiefe und nach der Tiefe die Frucht kommt.

Schau, Hanne, eines Tages wirst Du einem begegnen, der Dein Mann werden wird, und wird dann der Gedanke an mich Dich beunruhigen, wirst Du vielleicht ein schwaches Gefühl bekommen, daß Du mir oder dem gegenüber versagst, was Dir rein und heilig ist? Hanne, schau nochmals empor, schau in meine lachenden blauen Augen, und Du wirst verstehen, daß die einzige Art, in der Du mir gegenüber versagen kannst, darin besteht, nicht ganz und gar Deinem natürlichen Instinkt zu folgen. Du erblickst ihn und läßt Dein Herz ihm entgegenströmen. Nicht um den Schmerz zu betäuben, sondern weil Du ihn aufrichtigen Herzens liebst. Du wirst sehr, sehr glücklich werden, weil Du einen Grund bekommen hast, auf dem für Dich noch unbekannte Gefühle üppig wachsen werden.

Du mußt Nitte grüßen, ich habe stark daran gedacht, an sie zu schreiben, weiß aber nicht, ob ich noch Zeit dazu habe, es ist, als ob ich fühlte, daß ich für Dich mehr tun kann, und Du bist ja für mich der Inbegriff alles lebendigen Lebens. Ich möchte Dir alles Leben einhauchen, das in mir ist, damit es sich auf diese Weise fortsetzen kann und so wenig wie möglich von ihm verlorengeht, so verlangt es meine Natur einmal.

Nicht für ewig Dein

Kim

Westliches Gefängnis
Deutsche Abt., Zelle 411

Kim Malthe-Bruun,
geb. 8. Juli 1923
Den 4. April 1945

Liebe Mutter
Ich bin zusammen mit Jörgen, Niels und Ludwig heute vor ein Kriegsgericht gestellt worden. Wir wurden zum Tod verurteilt. Ich weiß, daß Du eine starke Frau bist, und daß Du dies auf Dich nehmen wirst, aber hörst Du, es ist nicht genug, daß Du es auf Dich nimmst, Du mußt es auch verstehen. Ich bin nur ein kleines Ding, und meine Person wird sehr bald vergessen sein, aber die Idee, das Leben, die Inspiration, die mich erfüllten, werden weiterleben. Du wirst ihnen überall begegnen – in den Bäumen zur Frühlingszeit, in Menschen, die Deinen Weg kreuzen, in einem liebevollen kleinen Lächeln. Du wirst auf das stoßen, was an mir vielleicht einen Wert hatte, Du wirst es lieb haben, und Du wirst mich nicht vergessen. Ich werde dabei wachsen dürfen, groß und reif werden. Ich werde bei Euch leben, deren Herzen ich einst erfüllte. Und Ihr werdet weiterleben, mit dem Wissen darum, daß ich vorausgegangen bin und nicht, wie Du vielleicht erst meintest, hinter Euch zurückbleibe. Du weißt, was immer

mein liebster Wunsch gewesen ist und was ich glaubte, daß ich werden möchte. Folge mir, Du meine liebe Mutter, auf meinem Weg, und bleib nicht stehen bis zum letzten, verweile aber bei einigem aus dem letzten Lebensraum, der mir beschieden war, und Du wirst etwas finden, was vielleicht wertvoll sein wird sowohl für mein Mädchen wie für meine Mutter.

Ich bin auf einem Weg gewandert, den ich nicht bereue, ich bin der Stimme meines Herzens nie ausgewichen, und es scheint mir nun, daß ich einen Zusammenhang sehen kann. Ich bin nicht alt, ich sollte nicht sterben, und dennoch erscheint es mir so natürlich, so einfach. Es ist nur die schroffe Art, die uns im ersten Augenblick erschreckt. Die Zeit ist kurz, ich kann es nicht richtig erklären, aber meine Seele ist vollkommen ruhig. Ich wäre gern ein Sokrates gewesen, aber das Publikum hat mir gefehlt. Ich fühle dieselbe Ruhe wie er, und ich wäre sehr froh, wenn Ihr das ganz verstehen würdet, sowohl Du, wie Hanne und Nitte. Du mußt Nitte grüßen, ich bin voll Liebe zu ihr und stehe zu jedem Wort, das ich an sie geschrieben habe.

Wie merkwürdig ist es im Grunde, dazusitzen und dieses Lebensdokument zu schreiben. Jedes Wort bleibt stehen, es kann nie wiedergutgemacht, nie gestrichen, nie verändert werden. – Ich habe so viele Gedanken. Jörgen sitzt hier vor mir und schreibt seiner zweijährigen Tochter einen Brief zu ihrer Konfirmation. Ein Dokument fürs Leben. Wir haben zusammen gelebt, und nun sterben wir zusammen, zwei Kameraden. Ich bin mit Paul zusammen gewesen. Wir hatten oft verschiedene Meinungen, aber er weiß, was in mir steckt, und was ich geben kann.

Endlich sind da die Kinder, sie haben mir in der letzten Zeit so nahe gestanden, und ich hatte mich gefreut, sie wiederzusehen und ein wenig mit ihnen zusammenzuleben. Beim Gedanken an sie hat mein Herz vor Freude geklopft, und ich hoffe, daß sie zu Männern aufwachsen dürfen, die anderes und Tieferes sehen als nur ihren Weg. Ich hoffe, daß ihr seelisches Wesen frei gedeihen darf und nie durch einseitige Beeinflussung gehemmt wird.

Grüße sie von mir – meinen Patenbuben und seinen Bruder.

Ich sehe, was für einen Weg es geht in unserem Land, und ich weiß, daß Großvater recht behalten wird, aber merke Dir – und Ihr alle müßt es Euch merken – daß Euer Traum nicht sein darf, zu der Zeit vor dem Krieg zurückzukehren, sondern daß Euer aller Traum, der Jungen und der Alten, sein soll, Verhältnisse zu schaffen, die nicht einseitig sind, sondern ein rein menschliches Ideal verwirklichen, das jedermann als ein Ideal für uns alle ansehen und empfinden wird. Das ist das große Geschenk, nach dem unser Land dürstet, etwas, wonach jeder kleine Bauernsohn sich sehnen und mit Freude fühlen kann, daß er daran teilhat und dafür arbeitet und kämpft.

Endlich ist da sie, die die meine ist. Laß sie einsehen, daß die Sterne noch funkeln, und daß ich nur ein Meilenstein war. Hilf ihr weiter, sie kann noch sehr glücklich werden.

In Eile – Dein ältestes Kind und einziger Sohn

Kim

Anhang

Außenministerium
Kopenhagen

Den 7. April 1945

Frau Vibeke Malthe-Bruun
c/o Kommandörkapitän M.E. Malthe-Bruun
Taarbaek Strandvej 20
b. Klampenborg

Das Außenministerium hatte gestern die schwere Pflicht, eine vom Bevollmächtigten des Deutschen Reiches erhaltene Mitteilung an Sie weiterleiten zu müssen, daß das Begnadigungsgesuch Ihres Sohnes, Herrn Kim Malthe-Bruun, abschlägig beschieden wurde, und daß das Todesurteil gestern morgen vollstreckt wurde. Um Sie mit dem Wortlaut der Mitteilung bekanntzumachen, die das Außenministerium vom Reichsbevollmächtigten erhalten hat, senden wir Ihnen hiermit eine Abschrift des Schreibens des Reichsbevollmächtigten vom 6. April 1945 zugleich mit einem gleichzeitig erhaltenen Auszug des Urteils. Das Außenministerium spricht seine tiefempfundene Teilnahme an dem Leid aus, das Sie und Ihre Familie getroffen hat.

F.M.
gez. Nils Svenningsen

DER REICHSBEVOLLMÄCHTIGTE
IN DÄNEMARK

Kopenhagen, den 6. April 1945

An den
Direktor des Königlich Dänischen Außenministeriums
Herrn Nils Svenningsen, Kopenhagen

Sehr geehrter Herr Direktor Svenningsen
Unter Bezugnahme auf mein Schreiben vom 5. April 1945 und auf Ihr Schreiben vom gleichen Datum teile ich Ihnen mit, daß die Todesurteile gegen

Graf Ludvig Alfred Otto Reventlow,
Jörgen Frederik Winther,
Kim Malthe-Bruun und
Peter Fyhn

leider nicht im Gnadenwege abgeändert werden konnten, weil die Handlungsweise der Verurteilten besonders gefährlich war und durch spätere Verwendung der von ihnen beschafften und verteilten Waffen auch in Zukunft noch Nachteile für die deutsche Wehrmacht entstehen können.

Die Urteile sind nach Ablehnung der Begnadigung heute durch Erschießen vollstreckt worden.

In Anlage übersende ich Ihnen Auszüge aus den Urteilen gegen die oben genannten sowie aus 4 weiteren Urteilen, die auf Freiheitsstrafen lauten. Die Veröffentlichung der Urteile wird am 8. April 1945 erfolgen.

Mit vorzüglicher Hochachtung
gez. W. Best

Auszug aus dem Urteil des Sonderfeldgerichts
der deutschen Polizei
vom 4. April 1945

Der dänische Staatsangehörige, Seemann Kim Malthe-Bruun, geb. am 8. Juli 1923 in Schashewan-Forts, Kanada, Anschrift der Mutter: Vibeke Malthe-Bruun, Kopenhagen, Callisensvej 25,

ist wegen Freischärlerei zum Tode verurteilt worden. Er hat als Mitglied der illegalen Gruppe Jörgen Winther ein Zollboot nach Schweden entführt. Er fuhr mit dem Dampfer »Wanjan« nach Dänemark zurück. Auf diesem Dampfer wurden illegale Waffen für die Gruppe Winther herübergeschafft. Malthe-Bruun beteiligte sich am Abtransport der Waffen vom Kopenhagener Hafen. Er wußte, daß die Waffen zur Bekämpfung der deutschen Wehrmacht verwendet werden sollten. Nach § 3 der Kriegssonderstrafrechtsverordnung mußte zwingend auf Todesstrafe erkannt werden.

Beglaubigt:
Kopenhagen, den 5.4.45
(Namen)
Hauptwachtmeister d. SchP. d. Res.

GÜNTHER PANCKE
SS-Obergruppenführer und General der Polizei
Höhere SS- und Polizeiführer in Dänemark

O.U. 4/4 1945

Herrn Kommandörkapitän a.D.
Malthe-Bruun
Klampenborg
Taarbaek Strandvej 20

Sehr geehrter Herr Malthe-Bruun!
Zu meinem aufrichtigsten Bedauern muß ich Ihnen mit diesem Brief eine sehr schmerzliche Nachricht geben, da es mir nicht möglich war, Ihren Enkel, Kim Malthe-Bruun, vor der Strafe zu bewahren, die das Sonderfeldgericht heute gegen ihn und die Angehörigen seiner Gruppe gefällt hat.

Ich konnte jedoch in die Gerichtsbarkeit und die Gerechtigkeit nicht eingreifen und das Urteil abändern oder mildern, da sonst alle andern Urteile gegen dänische Saboteure und Terroristen ungerecht geworden wären.

Ich habe Ihrer Nichte, Fräulein Anna Ida Bruun schon sagen müssen, daß Ihrem Enkel sehr schwerwiegende Vergehen gegen die Kriegsgesetze vorgeworfen würden, da er sich mehrere Male aktiv und führend an Handlungen beteiligt hat, die der deutschen Wehrmacht in Dänemark schweren Schaden zugefügt haben.

Da er diese Handlungen mit einer Gruppe Illegaler zusammen beging, mußte er auch mit dieser Gruppe zusammen vor das Gericht gestellt und verurteilt werden. Das Urteil ist den Kriegsgesetzen entsprechend hart. Es mußte gegen ihn und drei andere Männer seiner Gruppe die Todesstrafe verhängt werden.

Als alter Soldat werden Sie, Herr Malthe-Bruun, verstehen, daß in einem Kriege, wie es der ist, den Deutschland führen muß, es Pflicht aller der zur Sicherheit des deutschen Reiches eingesetzten Offiziere ist, mit allen Mitteln unsere Feinde zu bekämpfen. Sie werden verstehen, daß diejenigen, die sich als Franktireure im Rücken der deutschen Wehrmacht und unter dem Schutze von Zivilkleidung aktiv militärisch betätigen, die Folgen tragen müssen, die das Kriegsgericht androht.

Es ist für mich sehr schmerzlich, Ihnen und Ihrer Nichte diese Mitteilungen machen zu müssen.

Hochachtungsvoll:
gez. Pancke

4 Terrorister dømt til Døden

Pressekontoret hos den højere SS- og Politifører i Danmark meddeler:

I **HENHOLD til Krigslov er følgende danske Statsborgere blevet dømt til Døden:**

1. **Student Peter Fyhn,** født den 13.6.1920 i København, boende i København, for som Leder af en illegal Organisation at have skaffet den danske Modstandsbevægelse Vaaben. Han havde tillige deltaget i illegal Vaabentransport.
2. **Sømand Kim Malthe-Bruun,** født den 8.7.1923 i Schashewan-Forts, Kanada, boende i København, for som Medlem af en illegal Gruppe at have tilegnet sig en Toldbaad og sejlet denne til Sverige. Endvidere havde han skaffet sin Gruppe Vaaben og deltaget i Vaabentransport.
3. **Fuldmægtig, Grev Ludvig Alfred Otto Reventlow,** født den 16.2.1916 i Aarhus, boende i København, for at have deltaget i Vaaben- og Sprængstoftransporter for en illegal Gruppe.
4. **Fuldmægtig Jørgen Frederik Winther,** født den 26.4.1917 i København, boende sammesteds, for som Leder af en illegal Gruppe at have organiseret en Vaabentransport.

Dødsdommene er blevet fuldbyrdet ved Skydning.

Endvidere er følgende Personer blevet idømt Tugthusstraffe:

1. **Værkfører Poul Martin Poulsen,** født den 25.4.1913 i Thoreby, boende i København, med 15 Aar, for Begunstigelse af Fjenden, idet han havde opbevaret Vaaben og Sprængstof.
2. **Overlæge Edward Collin,** født den 8.10.1886 i København, boende i Lyngby ved København, med 10 Aar for Begunstigelse af Fjenden, idet han havde understøttet en illegal Gruppe med Pengemidler.
3. **Ingeniør Hans E. Lehrmann,** født den 10.9.1893 i Jordløse, boende i København, med 8 Aar, for Begunstigelse af Fjenden, idet han i sit Automobilværksted havde udført Arbejde for en illegal Gruppe.
4. **Direktør Kurt Eberlin Christensen,** født den 5.7.1911 i København, boende i København, med 8 Aar, for Begunstigelse af Fjenden, idet han havde understøttet en illegal Gruppe med Pengemidler.

Pressemeldung des Pressebüros bei dem höheren SS- und Polizeiführer in Dänemark vom Sonntag, dem 8. April 1945. Die Übersetzung der Kim und seine Kamaraden betreffenden Passagen auf der gegenüberliegenden Seite.

Vier Terroristen zum Tode verurteilt

Das Pressebüro bei dem höheren SS- und Polizeiführer in Dänemark teilt mit:

Unter Bezugnahme auf die Kriegsgesetze sind folgende dänische Staatsbürger zum Tode verurteilt worden:

1. *Student Peter Fyhn,* geboren am 13.6.1920 in Kopenhagen, wohnhaft in Kopenhagen, weil er als Leiter einer illegalen Organisation der dänischen Widerstandsbewegung Waffen verschafft hat. Er hatte sich zugleich an illegalem Waffentransport beteiligt.
2. *Seemann Kim Malthe-Bruun,* geboren am 8.7.1923 in Schashewan-Forts, Kanada, wohnhaft in Kopenhagen, weil er als Mitglied einer illegalen Gruppe sich ein Zollboot angeeignet und dieses nach Schweden verbracht hat. Ferner hatte er seiner Gruppe Waffen verschafft und am Waffentransport teilgenommen.
3. *Beamter Graf Ludvig Alfred Otto Reventlow,* geboren am 16.2.1916 in Aarhus, wohnhaft in Kopenhagen, weil er an Waffen- und Sprengstofftransporten für eine illegale Gruppe teilgenommen hat.
4. *Beamter Jörgen Frederik Winther,* geboren am 26.4.1917 in Kopenhagen, wohnhaft am gleichen Ort, weil er als Leiter einer illegalen Gruppe einen Waffentransport organisiert hat.

Die Todesurteile sind durch Erschießen vollstreckt worden.

Vorwort des Übersetzers zur ersten deutschen Ausgabe

Die Bekanntschaft mit KIM ist mir in einer schwedischen Ausgabe durch junge skandinavische Freunde vermittelt worden. Ihnen waren die von der Mutter herausgegebenen Briefe des jungen Dänen Kim Malthe-Bruun zu einem der stärksten Erlebnisse geworden, und darum wollten sie auch den fernen Freund daran teilnehmen lassen. In der Tat ist auch mir das kurze Leben des Schiffsjungen, Leichtmatrosen und Freiheitskämpfers Kim, wie es sich hier in den Briefen und Tagebuchaufzeichnungen eines werdenden Dichters darstellt, so nahe getreten, daß ich keine Ruhe mehr fand, bevor nicht möglich geworden war, es auch der Jugend deutscher Zunge zugänglich zu machen.

Ich erfülle eine liebe Pflicht, wenn ich hier für die gute Hilfe mit sorgfältiger Korrektur meiner deutschen Übersetzung, die mir von Kims Mutter und der ihm nahestehenden Freundin »Nitte« zuteil geworden ist, den beiden Frauen auf das wärmste und herzlichste danke. Zu danken habe ich auch dem Inhaber des Ernst Reinhardt-Verlages für mannigfache Winke und Anregungen.

Nach guter Schulbildung wird Kim mit 17 Jahren Seemann. Das Seemannsleben wird nun seine ganze Leidenschaft. Aber ein inneres Muß zwingt ihm die Feder in die Hand, und so spiegelt sich das erstaunlich reiche Erleben seiner paar Seemannsjahre während des zweiten Weltkrieges, das äußere und weit stärker noch das innere, in diesen durch ihre unmittelbare Frische und ungewöhnliche Beobachtungskraft fesselnden Aufzeichnungen. Die Briefe richten sich überwiegend an seine Liebste, Hanne, vor der er nicht nur in neuer, eigenartiger Weise seine zarte Liebe in allen Farben durchbrechen läßt, sondern auch sein ganzes Erleben und Denken, oft mit beinah unbarmherziger Offenheit, ausbreitet. Beschäftigen ihn aber schwierigere Fragen oder gar das Problem seiner eigenen Zukunft, dann versucht er durch Aussprachen mit »Nitte« zur Klarheit zu kommen. Ein unsagbar reines, immer die Wahrheit bekennendes und nach ihr suchendes Leben offenbart sich in diesen Briefen.

Einem Gebot seines Herzens folgend, stellt sich der Einundzwanzigjährige der Untergrundbewegung zur Befreiung seiner Heimat zur Verfügung. Er hat es bald mit dem Verlust seiner Freiheit und schließlich mit dem Leben zu bezahlen. Aber in dieser letzten Bewährungsfrist vollzieht sich in ihm ein ans Wunderbare grenzender Entwicklungsvorgang. In der Gefängniszelle und unter der Folter wächst der junge

Mensch zu einer abgeklärten Reife heran, die für gewöhnlich diesem frühen Alter noch fremd ist, und vor der man sich nur in ehrfürchtiger Bewunderung verneigen kann.

Deutsche Leser mögen sich vielleicht im ersten Augenblick an einzelnen Stellen dieser Briefe stoßen, wenn Kim sich etwas scharf über das deutsche Wesen äußert und auch gelegentlich Einzelgeschehnisse mit Unrecht verallgemeinert. Sie werden solche Gefühlsäußerungen aber bei einem siebzehnjährigen jungen Menschen eines unter der deutschen Besetzung mit ihren Gestapo-Methoden leidenden Landes sicher verstehen können. Es dürfte für sie aber auch von besonderem Interesse sein zu erfahren, wie das vom Nationalsozialismus geprägte Zerrbild Deutschlands auf einen jungen Dänen gewirkt und was für Reaktionen es ausgelöst hat.

Möchte Kim auch unter der deutschen Jugend nicht nur Bewunderung, sondern vor allem empfängliche, aufrichtige Freunde finden, denen sein Leben ein Beispiel ist. Das ist der heiße Wunsch seines Übersetzers.

Buchs bei Aarau, Weihnacht 1948 Karl Matter

Besprechung der ersten deutschen Ausgabe des Buches in »Bücherei und Bildung 2, 1949/50 – Zeitschrift der deutschen Volksbibliothekare«

Der junge dänische Leichtmatrose Kim gehört durch sein Leben und heldenhaftes Sterben in die Front der europäischen Widerstandskämpfer gegen die Hitlertyrannei. Er ist 1923 geboren. Im Jahre 1941 heuert er auf einem dänischen Schiff an und fährt nach deutschen und finnischen Häfen. Wegen illegaler Betätigung gegen die deutsche Besatzungsmacht wurde Kim 1944 durch die Gestapo verhaftet und im April 1945 hingerichtet.

Die Aufzeichnungen zeugen für die erstaunliche seelische Reife und für den Idealismus des jungen Menschen. Die Einsicht, die ihm eine objektive Beurteilung des deutschen Volkes möglich machen würde, wird man in diesem Fall nicht voraussetzen dürfen. Da Kim die Deutschen nur in der Gestalt der Gestapoleute und charakterloser, willfähriger Individuen kennengelernt hat, so ist für ihn der Deutsche der Inbegriff des Schlechten und Gemeinen. In der übrigen Welt ist man schon längst von der mechanischen Gleichsetzung des deutschen Volkes mit Hitler und seinen Verbrechen abgekommen. Die Tatsache einer starken deutschen Widerstandsfront gegen Hitler wird allgemein anerkannt. Durch seine einseitigen und ungerechten Werturteile über den deutschen Menschen erfüllt das vorliegende Buch nicht die Aufgabe, der wirklichen Verständigung zwischen den Völkern zu dienen. Das ist schade, da das Schicksal Kims besonders bei der deutschen Jugend Anteilnahme und Verständnis finden würde. Schuld daran trägt der Verlag und die Herausgeberin, die nicht die seit 1945 erheblich gewandelte politische und psychologische Lage bei der Bearbeitung des Buches berücksichtigt haben. – Es ist in der vorliegenden Fassung für die Volksbibliotheken nicht geeignet.

Rudolf Ernemann